La Virgen de la Escarcha
La Rosa Mística

OSWALDO SAÚL LARRAZÁBAL ROMERO

EDICIONES GILUZ
DISTRIBUIDORA GILAVIL, C.A.
CARACAS
2000

La Virgen de la Escarcha
La Rosa Mística

Primera edición, agosto del 2000: 3000 ejemplares.
Derechos exclusivos conforme a la ley
reservados para todo el mundo:
Copyright © 2000 Oswaldo S. Larrazábal R.
Copyright © 2000 Distribuidora Gilavil, C.A.

Editado por Ediciones Giluz
ISBN: 980-369-048-5
Depósito Legal lf 57520001101249

Distribuidora Gilavil, C.A.
Apartado Postal 51.467, Caracas 1050, Venezuela
TEL (+582) 762-49-85 ~ TEL/FAX (+582) 762-39-48
E-mail: drhill@etheron.net
Distribución en Internet: comala.com
                          leeme.com

Ilustración de la portada: Saúl Alberto Díaz
Diagramación de portada y texto: Diego Gil Velutini

Impreso en Venezuela
Printed in Venezuela

La Virgen de la Escarcha
La Rosa Mística

Oswaldo Saúl Larrazábal Romero

Ediciones Giluz
Distribuidora Gilavil, C.A.
Caracas
2000

Prólogo

Se toman con demasiada ligereza los modos de Acción de Dios sobre el Universo, si asumimos, junto con el padre Teilhard de Chardin, que existen fundamentalmente dos modos de operar en y a través del Todo: La primera es la Providencia ordinaria. Podríamos explicarlo de la siguiente manera, siguiendo al teólogo jesuita: «Dios propiamente hablando no hace nada: hace que se hagan las cosas». Tal es la explicación del devenir de Dios en el mundo, según el Padre Teilhard. Sea como fuere el tipo de <providencia> (puesto que hay otra) «por donde Él pasa, no se percibe rastro de fractura, ni de fisura. El tejido de los determinismos sigue virgen, la armonía de los desarrollos orgánicos se prolonga sin disonancias. Y sin embargo, el Dueño ha penetrado en Su morada».

El segundo modo de actuar de Dios es la Providencia milagrosa. Aquí es necesario puntualizar lo que el padre Teilhard describe: trátese de la providencia <ordinaria> como de la <milagrosa>, «que incluso de un hecho maravilloso, nunca nos veremos conducidos científicamente a ver a Dios, porque la operación divina no se hallará nunca en discontinuidad con las leyes físicas y fisiológicas de las que únicamente se ocupa la Ciencia». En otras palabras, la estructura científica se halla dentro de la infinita sucesión de causas y efectos producidos por la Causa Primera, es decir, Dios. Vanamente algunos ojos tratan de dar explicaciones a fenómenos, cuya génesis es la misma transparencia de lo que se nos ofrece y nos he otorgado desde lo Alto.

Pero, ¿por qué el milagro? Tal como lo explica el padre Teilhard: «¡Y sin embargo, el milagro es absolutamente necesario, no sólo para las necesidades de la apologética, sino para la alegría de nuestro corazón que no sería capaz de apoyarse plenamente en un Dios al que no percibiera como más fuerte que todo cuanto existe!»

La Rosa Mística es una de las tantas Operaciones o Modos de Acción de Dios en el Universo. Sus apariciones no sólo corroboran la existencia de Dios —es decir de un universo suprasensible— sino que, asimismo, se enfrentan a la terrible frase de san Mateo: «Necesse est enim ut vaniant scandala» («Es necesario que haya escándalos». Mateo, 18:7). Acudiremos de inmediato al Padre Teilhard: «Si las leyes generales del Devenir (que rigen la aparición progresiva del ser [creado] a partir de una multiplicidad inorganizada) deben considerarse como modalidades que se imponen estrictamente a la acción divina, se entrevé también que la existencia del Mal podría muy bien ser, por su parte, un acompañamiento rigurosamente inevitable de la Creación. «Necesse est enim ut vaniant scandala». Como ya se ha mencionado, los milagros son una extensión de la biología. La aparición de la escarcha, por decir algo, muestra el grado de sutilización de la materia; materia divinizada producida por la Operación Divina de la Virgen en el Mundo. Por lo demás existe un tejido, una urdimbre de causalidades, en donde el milagro florece y se extiende. Sólo así puede entenderse la frase: «muchos son los llamados, mas pocos los escogidos». Las personas que han recibido la gracia divina de la María Rosa Mística de algún modo estaban preparadas para ello. Aun en su desconocimiento habitual, es decir, en el razonamiento y el pensar de cada día, ya se estaba forjando el divino germen. Esto nos conduciría al problema de la fe. En pocas palabras, lo resumiría así: todos tenemos fe de la misma manera como respiramos; no obstante, nos negamos a reconocerlo, o simplemente no nos hemos dado cuenta. Por otra parte, si entendemos, aludiendo a la metáfora del padre Teilhard, a un sujeto como un conjunto de resortes guiados por un Resorte Mayor (La Causa Primera = Dios), mientras estos resortes permanezcan en un estado de tensión exhaustiva, impediremos la Operación de Dios (o la Virgen) en nosotros mismos. Por el contrario, si aflojamos los resortes, permitiremos que el Resorte Mayor actúe y penetre en nosotros. No olvidemos: «La causa primera no interfiere con los efectos; actúa sobre las naturalezas individuales y sobre el movimiento del conjunto. (...) Y sin embargo, el Dueño ha penetrado en Su morada».

Mas, para ello, el padre Teilhard retoma el aspecto de la pureza de corazón. Leamos: «Sólo la pureza del corazón (ayudada o no por la gracia, según el caso) y no la pura ciencia es capaz, en presencia del Mundo en movimiento, o ante un hecho milagroso, de superar la indeterminación esencial de las apariencias, y de descubrir con certidumbre tras las fuerzas de la naturaleza un Creador, y, en el fondo de lo anormal, lo Divino».

El libro de Oswaldo Larrazábal no es solamente una crónica de las apariciones, portentos y milagros de la Virgen, como sí un llamado a escuchar las voces del Silencio precipitadas desde lo Alto. No lo mueve ningún interés. Sé de su sencillez y hasta cierto punto, una vez finalizada la escritura del libro, dejar la cosa hasta allí. Su manera de ser es interior: un ser volcado hacia el silencio, artífice y escucha de sí mismo, única manera de comulgar con lo Divino y entrelazarse con el mundo suprasensible. Independientemente de que «todo el mundo» juegue a las palabras <casual> y <causal>, algo es evidente: en el caso aquí tratado estamos hablando de un genuino «tejido de causalidades», o de determinismos, como prefiere llamarlo el Padre Teilhard. Muchos se extravían en el fútil juego de las apariencias. Otros optan por ahondarse en la profunda quietud de la Operación de Dios en el Mundo. En verdad, son pocos, en comparación con la inmensa e insensata multitud volcada hacia la materia, hacia los placeres mundanos. Son pocos los que alzan los ojos y con humildad ofrecen su ignorancia y su fe a María Rosa Mística. Mientras la gran mayoría se vuelca sobre el dinero y practica el proselitismo y la demagogia (¿debo ser más claro?) hay seres, guiados por la mano de Dios. En algún momento pueden cambiar la faz de la Tierra. Tal es el poder de Dios.

Recibamos este libro con amor. Quienes saben de mí, me describen como un sujeto poco afecto a colocar mi nombre en algunos libros que me ha tocado leer (o me han permitido prologar). Me siento honrado y, asimismo, conmovido. Oswaldo Larrazábal me ha concedido un pequeño sitio en este libro bendito para un público del cual estoy seguro la mano de Dios ya los ha señalado. Porque ocurre que —como dije— son pocos. Y entre esas filas minoritarias —cuyo día de júbilo está próximo— se halla el autor de este libro, Oswaldo Larrazábal. Puesto que «el Dueño ha penetrado en su Morada».

EN CARACAS, JUNIO DEL 2000

JUAN-JOSÉ MIÑONÍS

Introducción

La Peregrina, la «Mami», la Virgencita, la Virgen de la Escarcha: es así como con respeto y amor llaman los peregrinos que acompañan a la Santísima Virgen María, en la Advocación de MARÍA ROSA MÍSTICA en su andar silencioso por todo el mundo.

Ella visita —así como visitó a su prima Santa Isabel hace 2.000 años atrás— a todas las personas que solicitan su presencia, a través de su imagen, peregrina por las Iglesias, Conventos, Seminarios, y casas de familia para rendirle veneración, meditación y oración. La Santísima Virgen dijo: «Que en todas las casas donde peregrinara y donde la recibieran con amor ella derramaría sus gracias y su hijo Jesús les colmaría de bendiciones».

Desde aquel entonces, cuando el arcángel GABRIEL le anunció que sería la madre de JESÚS, comenzó su peregrinación por el mundo; hoy Ella viene a nuestras casas a visitarnos y a traernos un mensaje de amor y reconciliación porque nos ama y nos dice: «Hijos míos los amo mucho...» Y nos da todas sus gracias y los frutos del Espíritu Santo, sus bendiciones y consuelo maternal en el dolor y la tristeza, la alegría de un despertar cada nuevo día en la gracia de Dios, dejándonos Su luz a través de Sus escarchas para que sigamos el camino junto a Ella hacia esa Luz que es el camino a la Eternidad.

«...Gracias por las manifestaciones de amor que he recibido y que le ofrendan a mi hijo Jesús... Orad, Orad, Orad...» Este fue el mensaje recibido por algunos peregrinos el día 13 de enero del 1999, en Caracas.

La Virgen de la Escarcha
La Rosa Mistica

Oswaldo Saúl Larrazábal Romero

María Rosa Mística

Capítulo 1

Búsqueda del Misterio

Tengo más de un año investigando y recolectando información sobre el misterio que rodea la figura de esta enigmática «VIRGEN MARÍA ROSA MÍSTICA MADRE DE LA IGLESIA», sus manifestaciones asombrosas, el impacto regenerador de la fe que se ha manifestado en todos los rincones de nuestro país; fe que se ha ganado ella sola a pulso en los hogares de familia —con muy poca o ninguna intervención de la Iglesia Católica— e inclusive en contra de los ataques de algunos sacerdotes católicos que se niegan aceptar lo inaceptable y lo increíble. Sin embargo, créanlo o no, es una experiencia que se tiene que vivir personalmente, pues traspasa la razón, el entendimiento y aun la misma fe. Quien no desee creer pues que no crea; «Ver para creer» como dijo Santo Tomás; pero parece que Dios tiene reservados puestos en el Cielo a los que creyeron sin haber visto. El misterio persiste y persistirá, pues la VIRGEN MARÍA es la Reina del Amor como el amor que inspira, y como éste se rodea a sí mismo de ese brillo de fe y esperanza, será pues cuando todo ya se haya perdido cuando emergerá de los misterios, la magia sanadora la cual, ante Su Presencia todo se hace transparente, divina claridad llena de luz.

Y es así que con su peregrinación, recorrido incansable de casa en casa, de iglesia en iglesia es como se está dando a conocer, llenando de brillo las manos de las personas que la buscan y la de aquellos que no la buscan también.

María Rosa Mística Sangra

En la Iglesia del Colegio Belén, en los Palos Grandes, Caracas, los días 12 y 13 de enero de 1999 se realizó una vigilia la cual duró el día entero y toda la noche en continua oración. Allí contemplaba la imagen de la Santísima Virgen María en la Advocación de MARÍA ROSA MÍSTICA, que estaba siendo venerada por una impresionante multitud de personas de todas las edades y de distintas clases sociales, todas ellas unidas en oración debido a la sorprendente manifestación que había hecho días antes en una Institución Militar. La imagen de la Virgen presentó una extraña mancha de color roja y violeta; un supuesto sangramiento en el pecho por debajo de Sus manos y que corrió a través de Su túnica hasta llegar a Sus pies, cubriéndose también de un polvillo de colores: «la escarcha». En esa oportunidad la Virgen dio Sus mensajes y, entre ellos, dijo: ...*Oren mucho, oren no sólo por ustedes, oren por las almas que no creen y están alejadas*

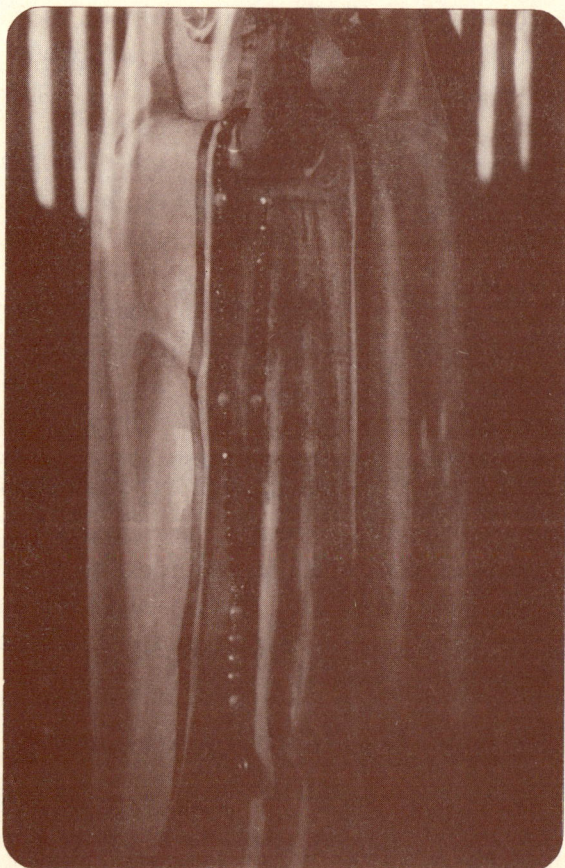

Manifestación de mancha con sangre cubierta de escarcha

de Dios, por las extraviadas, los perdidos en los vicios, por vuestro país, por los que están en guerra, por vuestras necesidades... MARÍA nos dice que nos ama, que nos cubre con Su Manto y nos bendice en el nombre del Padre, del Hijo y del Espíritu Santo.

Tal fue el escrito que apareció publicado en un ya tradicional diario religioso en Caracas, Venezuela, el día 22 de enero de 1999.

Las Peregrinaciones en Venezuela

Todo comenzó un día sábado, del mes de febrero, en casa de una amiga, ADA. Su madre, la Señora MARY, había ido a rezar un rosario como acostumbraba hacerlo casi todas las tardes en la casa de otra amiga vecina, DULCINEA, pues ella y un grupo de vecinas de la zona tenían ya varios años como costumbre el reunirse para orar, sobre todo los días jueves a las primeras horas de la noche. De la misma forma, se reunían en un «Círculo de Oración», los días lunes por la noche en la Iglesia de la zona.

En fin, ella se encontraba rezando y yo me encontraba de visita en su casa viendo la televisión, cuando telefonearon: era la mamá de ADA, la Señora MARY. Llamaba para que fuésemos —y en especial yo, por ser él más escéptico y él más indiferente en materia de religión y de fenómenos paranormales— a la casa de la Señora DULCINEA a presenciar lo que estaba sucediendo.

En esa casa tenían de visita la imagen de una Virgen MARÍA tallada en madera, perteneciente a las monjas religiosas de un Convento de la Urbanización de los Palos Grandes de la Ciudad de Caracas. Según supe, se trataba de una Virgen Peregrina muy milagrosa traída de Alemania y conocida como MARÍA ROSA MÍSTICA, la cual ante su presencia aparecían sin explicación unas diminutas partículas —polvillos dorados y de otros colores— denominados por los devotos a esta Virgen como «escarcha». Estas diminutas partículas y brillantes polvillos —que en ocasiones son muy semejantes a los utilizados en manualidades, en los adornos navideños y en cosméticos— aparecían espontáneamente en todos los lugares de la casa, en especial donde había estado la imagen de la Virgen, así como también en el rostro y en las manos de las personas devotas, durante los momentos meditativos, contemplativos, en oración y en otros momentos de espiritualidad.

En fin, cuando fui a ver el suceso me encontré con un grupo de personas rezando el Santo Rosario; otras llenando peticiones en pequeñas hojas de papel blanco, de los cuales después supe que eran llevados a un lugar al aire libre y, por medio de un ritual especial u oración de acción de gracias, eran quemadas para que las peticiones se elevaran y llegaran al cielo. También colocaron en un recipiente con pétalos de Rosas, las cuales eran obsequiadas por las personas a la Virgen y, a su vez, a las personas que llegaban para visitarla. Pues bien, cuando llegué me hallé conque sí había por toda la casa cantidades de escarcha: en la imagen, en los folletos, en los libros, en el álbum con fotografías de las peregrinaciones, y por todas partes. Mi amiga Ada rezó; escribió sus peticiones como hacían todas las personas que llegaban allí. Yo sólo miraba todo lo que sucedía a mi alrededor, callado, sin decir nada. Nos despedimos; salimos a la calle; y sin tener el menor tacto ni consideración hacia las personas que se encontraban allí, afirmé: «¡Claro que hay escarchas por todas partes, pues es febrero y aún están puestos los adornos de Navidad!» Y en esa casa por lógica elemental no debía ser la excepción y tendrían que estar por lo tanto las escarchas.

Pero la situación no se quedó allí. En casa de mi amiga comenzaron a aparecer también las escarchas, en especial, en el lugar donde rezaba la Señora MARY. En ese sitio aparecían y aparecían incesantemente. Se limpiaba la casa todos los días, se aspiraban todos los lugares y seguían apareciendo, bien fuese en el rostro de la Señora MARY, y otras veces en sus manos, donde se sentaba a orar. También esto le sucedía a muchas de las señoras que acudían a rezar con ella.

Empecé a oír los cuentos en detalle y con más atención, porque algo sospechoso y misterioso, un «no sé qué» de duda había ya en mi. Si de algún modo debo definirlo se trataba como de un misterio dentro de lo ilógico, algo sin explicación, que me decía: «no puede ser, yo no puedo pensar que una estatua de madera aparezca y se disemine escarcha así como así; es antinatural, es ilógico y punto». De manera similar tampoco podía pensar ni mucho menos concebir que alguien como la Señora MARY estuviera colocando deliberadamente las escarchas por allí, conociéndola como la conozco. Eso también resultaba imposible. Lo mismo podía decir de la Señora DULCINEA. Ello no podía ser una maquinación de todo un grupo de señoras de la urbanización, todas mayores, serias, respetables, honorables. No iban a andar con «bromas de ese tipo». Además, se trataba de personas altamente religiosas, y de las cuales me consta que no se prestaban ni se prestan a trucos, o mentiras elaboradas lo cual, en suma, sería para ellas mismas despreciable e impensable.

Por otra parte el fenómeno en sí mismo no estaba limitado a una sola familia. A todas les estuviera aconteciendo lo mismo, este extraño suceso estaba aconteciendo no sólo en el este de la ciudad, Prados del Este, Alto Prado, La Castellana, los Chorros y su Iglesia, Los Palos Grandes, Sebucán, Altamira, en Petare, la California, las Siervas en La Concordia, San Bernardino, La Candelaria, La Pastora, La Florida, así como también fuera de la ciudad, en las adyacencias de Carrizales. Al parecer la imagen de la Virgen se movía a través de estos sectores. Vía a la ciudad de Los Teques, en el Estado Miranda, no muy lejos de un gran Centro Comercial, se halla el pueblo de Carrizales y allí —en un convento de monjas de la orden «Las Siervas de Jesús»— es donde se asegura que apareció la IMAGEN DE LA SANTÍSIMA VIRGEN a un grupo de estas religiosas, durante la noche del día 2 de febrero de 1993, según los testimonios de las hermanas y, según las investigaciones realizadas por las autoridades eclesiásticas encargadas para tal fin (aunque no hay seguridad de que la Iglesia haya investigado al respecto. Sólo se presume). Estas apariciones de La Virgen se produjeron en diferentes oportunidades y, al parecer, en uno de sus mensajes pidió ser venerada bajo la Advocación de MARÍA DE LAS ALMAS CONSAGRADAS. (Estos acontecimientos todavía están sujeto a investigación por parte de las Autoridades de la Iglesia)

En uno de los mensajes dados por ella a una vidente dijo: *Daré señal de mi presencia en las casas y comunidades religiosas a través de mi escarcha.*

Casualmente y —como todo— sin explicación, en la Capilla del Convento se encuentran para Su veneración unas imágenes en madera tallada y cerámicas del Cristo Crucificado, un Nazareno, y la Imagen de la Virgen en su ADVOCACIÓN DE MARÍA ROSA MÍSTICA.

Un tiempo mas tarde, las religiosas del convento decidieron hacer peregrinar la imagen de la Virgen a otros conventos e iglesias, y a las casas de algunas familias de trayectoria cristiana y altos principios religiosos, en donde se reunirían a orar muchas personas, para que se diera a conocer la noticia de lo sucedido en el sitio de Carrizales y se fomentara así el AMOR MARIANO.

Y fue así lo que a mi pobre y analítico criterio surge como la relación de donde parte todo este mensaje de la Virgen, de su peregrinación por todo el país y de las manifestaciones de su PRESENCIA REAL a través de las escarchas.

En fin, transcurrió el tiempo. No obstante, algo estaba sucediendo en casa de la Señora MARY, en sus oraciones diarias. Ahora era ella quien se extrañaba también. Al finalizar sus oraciones se ponía a observar a su alrededor y siempre había escarcha. Yo le decía:

—Esas son las de diciembre que se quedan en la alfombra.

A lo que ésta contestaba:

—¡No! Si yo aspiro la alfombra casi todos los días, no debería haber escarchas de las de diciembre. ¡Ésta me las manda la Virgen! —afirmaba enfáticamente. De igual manera, le aparecían las escarchas en las manos, en el rostro así como aparecían en sus vestidos.

¿Qué podía yo pensar si a veces encontraba a ella y a otras señoras agachadas en el piso buscando y recogiendo escarchas con una cinta adhesiva transparente a la que se le adherían las mismas? Eso era todo el tiempo. Para mí estas estaban ya algo locas, trastornadas, alucinando por el fanatismo y el fervor religioso. Eso era lo que yo veía y pensaba de todas estas señoras.

Un día se me pidió el favor de que le arreglara el marco de un portarretrato en donde tenía una fotocopia en blanco y negro de LA ROSA MÍSTICA. Eso hice. Cuando hube terminado, miré mis manos. Noté que tenía una cantidad considerable de pequeños puntos brillantes. Sin embargo, no le di mayor importancia; apenas lo tomé como una reacción química. Decía que se trataba sólo de una simple reacción de los metales del portarretratos con el sudor de las manos; o tal vez antes había tocado algo, quién sabe, algún material brillante y no me había dado cuenta. Me remito a decir lo que pensé en ese entonces.

Siguió pasando el tiempo y el rumor de la famosa escarcha crecía entre las señoras que acostumbraban a rezar. Un día tomé un folletico de la ROSA MÍSTICA. En él estaban impresas unas oraciones; las leí sólo por curiosidad, como para saber quién era esta enigmática Virgen y saber un poco más de ella. Leí el folleto en silencio; sólo leerlo y no en forma de oraciones, es decir, como quien lee cualquier cosa. Al finalizar mi lectura observé mis manos y allí estaban de nuevo las manos cubiertas de escarcha y yo preguntándome: «¿qué es esto? ¿Acaso un tinte que está en las tarjetas y folletos?» A decir verdad no sé qué es, ni cómo se forma, ni cómo se transmite. Sin embargo, de una cosa sí estoy ya seguro: SE PRODUCE DURANTE LAS ORACIONES O ESTADOS MEDITATIVOS O INCLUSO CUANDO SOLO SE NOMBRA DE LA ROSA MÍSTICA. Todo parece indicar —o al menos sugerir— que tan sólo con nombrarla basta para que se genere tan extraño fenómeno de las escarchas.

En alguna oportunidad hablando con NANCI, la hija de la Señora DULCINEA, me comentó que ya se había examinado dicha escarcha en un laboratorio de una Universidad. De acuerdo con el análisis, ésta estaba compuesta de materia orgánica.

Este comentario me estimuló a colocarme yo también en la posición de un investigación en busca de algún indicio seguro. Y he allí pues que comencé a indagar y a tomar muestras de las escarchas. El procedimiento resultó un tanto difícil, si se considera el tamaño tan diminuto que presentan. A la primera que le di las escarchas para que las examinara fue a una amiga bioanalista de la urbanización Alto Prado, la Señora ERLIN. Las examinó y ulteriormente determinó que eran unos cristales hexagonales transparentes, unos blancos, incoloros; éstas eran las que presentaban colores plateados, azules, verdes. Los otros cristales poseían una ligera coloración rosada: ésas eran las escarchas doradas, rojas, moradas, aunque eran demasiadas pequeñas como para seguir investigando.

Entonces surgió la interrogante: son de diferentes colores, pero al microscopio sólo se ven de dos colores, unas blancas y otras rosadas, como si se trataran —como decía PATRI— de células sanguíneas, glóbulos blancos y glóbulos rojos (plasma, sangre). En busca de otra opinión, consulté a un amigo de la policía, médico forense, quien me dijo exactamente lo mismo que ERLIN. Me sugirió que fuera a un Instituto de Análisis e Investigaciones y eso hice.

Fui. Por «cosas de la vida» se encontraba un amigo trabajando en él, MARLO. Resultó que sí era materia orgánica. En efecto, se trata de hemoglobina y me preguntó de dónde había salido. «APARECIÓ SOLA, DE LA NADA». Cuando le conté lo sucedido, me puso la misma cara que yo le ponía a las señoras que rezan, mas esa pregunta me condujo a buscar otra respuesta y la encontré con la GENTE DE ESTUDIOS PARANORMALES Y DE LA ESCUELA DE PARAPSICOLOGÍA DE LA ANTIGUA UNIVERSIDAD DE LA TERCERA EDAD. Según ellos, las escarchas son «ECTOPLASMA», una especie de antimateria, de energía; es la materia de la que supuestamente están hechos los espíritus, los maestros guías que han desencarnado y de lo que están formados los ángeles. DICHA ANTIMATERIA O ENERGÍA SE CONVIERTE EN MATERIA EN DETERMINADOS MOMENTOS VIBRATORIOS. Al parecer esta escarcha es parte del AURA DE LA VIRGEN o de ángeles o de las personas y que en esos momentos especiales meditativos precipita y se convierte en escarcha. La misma respuesta la obtuve en una conversación con el Sr. FABIÁN, en una conferencia que dictó en Parque Central: no sólo aparece escarcha en su presencia física material —ante la presencia de la imagen de LA ROSA MÍSTICA— sino que en su NO PRESENCIA también aparecen, tan solo con el simple hecho de pensar en ella. Debo añadir que también este «ECTOPLASMA» se ha materializado en forma de cristales esféricos, de color azul violeta, caso que se presentó durante un rezo en casa de la Señora MARY, a una joven afligida que lloraba inconsolablemente por un gran problema. Llegó con su madre a pedir el favor a la Virgen; era una creyente de otra filosofía religiosa, que venía buscando un milagro de Dios por intersección de LA ROSA MÍSTICA como su último recurso.

Sucedió que después de haber hecho oración y súplicas por varias horas y después de haber terminado de rezar el Rosario, sintió que algo le molestaba en el bolsillo de su pantalón, mientras tenía un rosario de cristales azules violeta en su mano. Buscó en el bolsillo del «blue jeans» y allí estaba una cuenta del mismo color del rosario de cristal que tenía en su mano. Pensó que éste se había roto, mas no era así, SINO QUE UNA ESFERA HABÍA APARECIDO SIN EXPLICACIÓN ALGUNA, impresionando a la muchacha quien de nuevo comenzó a llorar —esta vez de emoción— al ver el regalo que le había dado la Virgen —como ella misma dijo a su madre— y sintió como si en ese mismo instante se hubiese realizado el milagro esperado de su sanación espiritual y corporal. Insisto en que yo, para ese momento, no creía ni en las escarchas ni en nada, a pesar de haber visto el gran parecido que existía entre las cuentas del rosario de cristal de la Virgen y la esférica que había aparecido. La vi como una esfera cualquiera. Tiempo después, comprendí que sí era una materialización del «ECTOPLASMA» y la respuesta la hallé cuando fui a la Iglesia Belén y vi el supuesto sangramiento que tenía la Virgen. Para mi sorpresa era del mismo color de la esfera que había aparecido en el pantalón de DELIA, —la joven que había llegado a casa de la Señora MARY— porque se había enterado de la noticia en una clínica de la ciudad y había oído de las manifestaciones de LA ROSA MÍSTICA en una casa de Prados del Este y así apareció. Aún así, cuando llegó no la encontró. Sólo halló en ese momento una estampa de una fotocopia de LA ROSA MÍSTICA dentro de un marco de plata, y eso bastó para que se diera la manifestación.

Llegada de Montichiari

Pero, ¿cómo llega la Imagen de LA ROSA MÍSTICA a casa de la Señora MARY?

Las imágenes que peregrinaban pertenecían a las de las monjas del Colegio Belén y las del Convento de Carrizales. Y para que llegaran a una casa había que anotarse en una lista de cientos de personas. Era casi o totalmente imposible, aun cuando la Señora Mary ya se llenaba de escarcha al rezar sin necesidad de estar en presencia de la imagen de LA ROSA MÍSTICA, ella en el fondo guardaba las esperanzas de que la visitara la Virgen algún día para rendirle veneración.

Sucedió que una señora vecina de la comunidad la Señora Galinda, prestó la imagen de una Virgen que por casualidad era la de LA ROSA MÍSTICA. Dicha imagen había estado desde hacía más de diez días con ella, es decir, con la familia SOTILLAN. La Señora MARY fue a rezar allí a esa casa y se encontró a LA ROSA MÍSTICA que tanto ansiaba. Entonces le pidió a la Señora GALINDA que se la prestara a ella también por un día y así fue: se la prestaron por tres días.

Pero entonces sucedió que empezó a llegar gente a visitar a la Virgen, de las cuales la mayoría eran desconocidos de la Señora MARY y su familia. Por otra parte, la imagen no la fueron a buscar. Permaneció en casa de la Señora MARY por más de diez días. NUNCA ANTES HABÍA ESTADO UNA VIRGEN PEREGRINA TANTO TIEMPO EN UNA CASA, donde fue visitada por más de mil personas, a todas horas durante todos los días. En verdad, era una procesión de gente sin descanso. Al enterarse las monjas del Nazaret y en especial la

Madre REFUGIO, quien había conocido a la Señora MARY y a ADA, en la casa de la Señora DULCINEA —quien de paso había hecho buena amistad con ellas— les prometió llevarle la imagen del Convento de Carrizales, imagen que tienen en la Iglesia y cual también llegó donde la Señora MARY en menos de dos semanas. De nuevo se queda por cuatro días, y es así como deciden SOLICITAR LA CUSTODIA DE UNA IMAGEN PEREGRINA A ALEMANIA Y PARA EL MES DE OCTUBRE LES LLEGA LA ROSA MÍSTICA, imagen que estaba apartada para Venezuela y era la última de un primer lote.

Entretanto resulta que una dama, la Señora HAUWEENING, de nacionalidad alemana, amiga de la Señora ADA se ofreció buscar la imagen, pues iba de vacaciones para Alemania muy cerca del lugar donde se encuentran las imágenes. Lamentablemente se encontró que no había ya imágenes y mucho menos para Venezuela. La Señora HAUWEENING ya decepcionada decide regresar cuando le llama la atención una de las encargadas de la tienda y le dice: «creo que en un estante hay una apartada» y cuando fueron a ver era la pedida en custodia por la Señora ADA para Venezuela. Fue así como POR MILAGRO llega esta VIRGEN PEREGRINA a casa de la Señora MARY.

Resulta curioso que esta imagen fue ulteriormente para oración en la Iglesia de los chorros, en la misma iglesia donde una religiosa de Los Chorros venera una imagen de la Virgen que perteneció al ultimo lote bendecido por la propia vidente PIERINA GILLY antes de su muerte. Esta hermana religiosa tenía años solicitando una imagen para la Iglesia y cuando sus esperanzas de recibirla estaban cerca, la vidente de la Virgen murió. Tres meses después, la hermana recibió una sorpresiva llamada telefónica: la imagen tanto anhelada esperaba por ella en la Aduana, determinando entonces que esa imagen de LA ROSA MÍSTICA estaba como escondida, esperando ser buscada por la Señora HAUWEENING para venir aquí, donde la Señora MARY. Es así entonces desde ese mismo día como se puede decir que llega a Maiquetía.

Desde entonces ha estado peregrinando por todo el país, todos los días. Desde su arribo ha llegado a miles de personas, pues adonde va, cientos de personas la esperan, familias tras familias se anotan todos los días para que pase por su casa aunque sea por unas horas. ES INDESCRIPTIBLE LA CANTIDAD DE MANIFESTACIO-

NES que se suceden y que todos los días llegan a mis oídos: olor a rosas, llamas de velas que se avivan, luces de colores, presencias que se sienten, alteraciones de estados emocionales, cambios de personalidades en las personas en las que han ocurrido conversiones.

Ya todo esto la Señora FRANCHESCA NICOLETTE había dicho que iba a ocurrir por la cantidad de escarcha que da todos los días a esas personas que tienen la suerte de que LA ROSA MÍSTICA les llegue a su casa.

Pero, ¿quién es la Señora FRANCHESCA? Es una adorable persona a quien la Virgen se le manifiesta de una manera asombrosa, pues su casa está llena de escarchas, sus Vírgenes, sus Santos, sus cuadros, sus muebles, toda la casa durante todo el tiempo. La escarcha es recogida en tubos de ensayos que luego son llevados al convento. Ella es una de las que se sentó en el «podium» en el teatro María Auxiliadora cuando vino BASULA R., la clariaudiente de JESÚS CRISTO a dictar una conferencia en Caracas, y es la encargada de las peregrinaciones de la VIRGEN DE CARRIZALES, y la Hermana REFUGIO del CONVENTO DE SAN BERNARDINO, una hermana con una gran devoción y misticismo, intuición y clarividencia sorprendentes. Así pues, ellas dos fueron las que llevaron LA ROSA MÍSTICA a casa de la Señora MARY y su hija ADA. Posteriormente, la imagen fue consagrada en LA CAPILLA DE LAS SIERVAS DE JESÚS EN LOS CHORROS. Allí permaneció bajo oración de las monjas por una semana, hasta que por fin una religiosa dijo: «Ahora sí pueden llevársela para que cumpla su misión en el país», no sin antes habérsela presentado para que fuera bendecida por el padre JOSÉ ALBERTO VINCENT quien es un gran sacerdote, sin duda tocado por el Espíritu Santo de la IGLESIA SANTO TOMAS APÓSTOL.

Y, tal como ya he descrito, es así la manera como la Peregrina está viajando por todos los rincones de nuestra Venezuela llenándola de amor y esperanzas.

Montichiari

Es una pequeña ciudad al norte de Italia, a 20 Kilómetros de Brescia, situada entre la llanura del río Po a los pies de los Alpes Italianos y que significa «monte luminoso», la leyenda dice que en el tiempo de las cruzadas, un príncipe italiano que regresaba de estas a principio de invierno y, cansado del viaje, se sentó a reposar y vio como tres nubes doradas iluminaron de repente el cielo y los montes. Monti —impresionado por acontecimiento celestial— llegó a contar la noticia al pueblo más cercano y la gente empezó a ir y a llamar el lugar con el nombre de «monte luminoso». ¿Acaso significa que el lugar estaba predestinado desde mucho antes para estos acontecimientos o haya sido un lugar sagrado desde siempre?

La Propagación de la Fe
El Padre Thaddaus, Karl Laux y Mari Lu

La propagación de la devoción la inició el Padre THADDAUS KARL LAUX, Teólogo de la Universidad Gregoriana de Roma, quien murió en 1994 a la edad de 83 años. Fue un hombre que decidió vivir en extrema pobreza, a pesar de haber ejercido el cargo incluso Rector Superior de Seminarios en Alemania. Durante su vida desarrolló incontables obras sociales y fue quien recogió todos los testimonios de fe de las manifestaciones, dando a conocer al mundo los mensajes y las apariciones de la Virgen mediante la publicación de su Libro, ROSA MÍSTICA MADRE DE LA IGLESIA, escrito en 1973. De la veneración de la ROSA MÍSTICA en Venezuela se logra por la misión que lleva a cabo la FUNDACIÓN OPUS ROSE MISTICAE en Essen, Alemania. Allí es donde fabrican las imágenes de la Virgen que luego serán llevadas para ser bendecidas y bautizadas con las aguas de la Fontananelle, cerca de Montichiari en Italia donde hizo sus apariciones y donde se dio a conocer como la ADVOCACIÓN DE MARÍA ROSA MÍSTICA, y es donde ahora tiene su Santuario. MARI LU y BERN A. Una mujer y un hombre, ambos luchadores incansables, responsables y abnegados, profundamente católicos, han trabajado arduamente como hormiguitas para propagar la fe y la veneración de la Virgen, trajeron un grupo de imágenes que fueron colocadas en las Iglesias, Colegios, y Monasterios, y a partir de allí comenzar sus peregrinaciones por el país. La propagación de la fe empezó con una imagen. Un grupo de señoras se reunía en torno de ella a rezar el rosario y éstas se turnaban la posesión de la imagen que iba de un hogar a otro hasta cuando empezaron a aparecer las listas y los cupos debido a que todas querían tener la Virgen en sus casas para rezarle. Tantas eran las personas que la pedían que poco a poco empezaron a aparecer imágenes peregrinas por todo el país. Señoras por su cuenta empezaron a peregrinar las imágenes que adquirían provenientes de Alemania, Colombia y del país. Actualmente se fabrican imágenes que muchas personas adquieren para rendirle devoción; los medios de comunicación le han dado una cobertura total: la televisión, la radio, Internet, en los periódicos y en cientos de publicaciones de folletos con instrucciones, mensajes y devocionarios que son repartidos por las familias en las que se llevan a cabo las peregrinaciones.

Todas las personas quieren ahora una estatuita, una imagen, un retablo, algo que sea de LA ROSA MÍSTICA, como un amuleto, un talismán que las protejan y les de suerte. Debo decir que esto perjudica la esencia misma de la peregrinaciones, pues si todos tienen imágenes las peregrinaciones —junto con su esencia— se acaban. ¿Cómo te vas a molestar a ir a un sitio a orar o cómo puede ir la Virgen a tu casa si ya tienes una imagen? Es así como se pierde el real sentido, la misión de por qué está aquí en el país. Se ha convertido como una cuestión de moda, tal como dijo mi amiga Sara: «esa es la Virgen que está de moda». ¿Desde cuando la Virgen es cuestión de moda? La Virgen es una sola, o que diga María Luisa, que ya la gente no le quiere rezar a la Virgen de Coromoto, «que donde hay santos nuevos los viejos no hacen milagros»... Y otra amiga, Susan mencionó: «¿Es que la Virgen del Valle no «bota» escarcha?» Mi amigo Roberto —dedicado al estudio de las manifestaciones de este tipo— le respondió: «¿quién te dijo a ti que es sólo LA ROSA MÍSTICA la que se manifiesta con escarcha?» Continuó exponiéndole que esa manifestación se estaba dando espontáneamente con todas las advocaciones de la Virgen María, que sólo el nombrarla bastaba para que se dé la escarcha, inclusive se han dado casos con imágenes de ángeles y arcángeles, como las de San Miguel Arcángel.

Es necesario reflexionar sobre lo que está pasando, buscar la verdadera esencia y apartarnos un poco del comercio desmedido en las cuestiones de la fe. ¡Existe un llamado de lo Alto y hay que saberlo entender!

La Veneración de la Rosa Mística

La Veneración de MARÍA ROSA MÍSTICA se remonta a los primeros siglos del cristianismo. Ella es nombrada en él celebre himno

«Akathistos Parálisis» de las Iglesias Ortodoxas de Oriente, el cual era una especie de Rosario cantado con la invocación: «MARÍA TÚ ROSA MÍSTICA DE LA CUAL SALIÓ CRISTO COMO MILAGROSO PERFUME». Se trata del más prodigioso que haya podido existir. También en las letanías Laurentanas del Rosario Mariano, que datan de 1587 donde la invocan «ROSA MÍSTICA».

Ha sido mencionada a través de los siglos en infinidad de escritos por los Padres de la Iglesia, como en el culto mariano en general para ensalzar a María Santísima.

En el Santuario de Rosemberg en Alemania, se venera desde 1738 la milagrosa imagen de «ROSA MÍSTICA». En el pedestal que la sostiene están pintadas tres rosas: UNA BLANCA, UNA ROJA Y UNA DORADA Y EN EL LAZO LUMINOSO QUE LA RODEA SE DESTACAN TRECE ROSAS DORADAS.

El Papa Pío XII concedió a PIERINA GILLI —la cual fue presentada como la vidente de Montichiari el 9 de agosto de 1951 en Castel Gandolfo— una entrevista. La escuchó, la bendijo y pidió que rezara por él y por la humanidad.

En 1962 el Papa JUAN XXIII, antes de iniciarse el Concilio Vaticano II, exhortó a la cristiandad para que invocaran a la Virgen María con el título de ROSA MÍSTICA.

El 21 de noviembre de 1964 el Papa PABLO VI en el discurso del Concilio declara a la Santísima Virgen, Madre de la Iglesia.

Y el 5 de mayo de 1969 pide que se incremente el rezo del Rosario y se invoque a la Virgen con el título de ROSA MÍSTICA.

Año 1947

En la primavera de 1947, en Montichiari, pequeña ciudad al norte de Italia, a 20 Kilómetros de Brescia, situada al pie de los Alpes italianos en la llanura del río Po, la Santísima Virgen en su Advocación como MARÍA ROSA MÍSTICA se le apareció por primera vez a una vidente de 36 años de edad, enfermera de nombre PIERINA GILLI en la sala del Hospital donde trabajaba.

Según relató la misma vidente, la Santísima Virgen se le apareció con Su rostro bellísimo, y con una dulzura como nunca había visto antes en nadie. Pero lloraba, tenía lágrimas en su ojos y éstas caían al suelo. La hermosa Señora vestía una túnica morada, y un velo blanco cubría su cabeza hasta los hombros; su pecho estaba atravesado por tres espadas, que representaban la APOSTASÍA DE LA HUMANIDAD. En esa oportunidad pidió oración, penitencia y reparación. Luego no se volvió a ver hasta el día 13 de junio de 1947, cuando apareció muy de mañana. Sin embargo, esta vez estaba vestida de blanco y en el lugar donde estaban las tres espadas ahora había tres rosas: UNA BLANCA, UNA DORADA, Y UNA ROJA, que simbolizan: reparación, sacrificio y penitencia, el rescate y el regreso a la fe, y la esperanza en Jesús, la venida a la Nueva Jerusalem. En esta oportunidad, PIERINA le preguntó:

—Por favor, dígame quién es usted—. Y la Virgen con una sonrisa le contestó: SOY LA MADRE DE JESÚS Y LA MADRE DE TODOS VOSOTROS. Enseguida empezó a hablar con ella; dijo cómo deberían llamarla, el por qué se aparecía y cuál era la nueva misión para los legionarios de la fe: «EL RESCATE DE LAS VOCACIONES SACERDOTALES, DE LA ESPIRITUA-

Pierina Gilli vidente de María Rosa Mística

gro para que le creyeran lo que había visto. La Virgen le contestó:

«EL MILAGRO MÁS PATENTE CONSISTIRÁ EN QUE LAS PERSONAS CONSAGRA-
DAS A DIOS QUE DESDE HACE TIEMPO Y DE MODO ESPECIAL DURANTE LA
GUERRA SE HAN DEJADO DOMINAR POR LA TIBIEZA, HASTA EL PUNTO DE SER
INFIELES A SU VOCACIÓN Y TRAICIONARLA, ESAS PERSONAS QUE CON SU DES-
LEALTAD HAN PROVOCADO LOS CASTIGOS Y PERSECUCIONES DE QUE ES AC-
TUALMENTE VÍCTIMA LA IGLESIA, CESARÁN DE OFENDER GRAVEMENTE AL SE-
ÑOR Y HARÁN FLORECER DE NUEVO EL ESPÍRITU DE SUS FUNDADORES». En ese
instante le explicó el significado de las tres Espadas y el significado
de las tres Rosas.

Las Tres Espadas

Significan:

Los dolores de la traición que traspasaron su pecho La primera
significa, la pérdida culpable de la vocación sacerdotal y religiosa, La
segunda espada significa, la vida en pecado mortal de las personas
consagradas a Dios; y la tercera espada, la traición de aquellas personas que al abandonar su vocación sacerdotal o religiosa, perdie-
ron la fe y se convirtieron en enemigos de la Iglesia.

Las Tres Rosas

Significan:

LA ROSA BLANCA simboliza la pureza, la luz el amor el camino de la
oración.

LA ROSA ROJA simboliza la sangre. El dolor es espíritu de reparación y sacrificio.

LA ROSA DORADA simboliza la realeza, madre del Rey de Reyes, el
cumplimiento.

Luego volvió a aparecer el 8 de diciembre de 1947, día en que la
Iglesia celebra el día de La Inmaculada Concepción, y en esa oportunidad dijo:

«Quiero que al mediodía de cada 8 de diciembre se celebre la hora
de gracia para todo el mundo mediante esta devoción se alcanzaran
numerosas gracias para el alma y el cuerpo» (...) «Nuestro Señor, mi
divino hijo JESÚS, concederá copiosamente su misericordia, mientras
los buenos recen por sus hermanos que permanecen en el pecado»

Año 1966
Agua Bendita de Fontanelle

La razón por lo cual siempre que aparece la Virgen cerca de una fuente de agua se desconoce. En Venezuela se le apareció al indio COROMOTO en un río. FÁTIMA, LOURDES, BETANIA: todas tienen algo en común: las apariciones de la Virgen siempre han sido cerca de una fuente de agua, agua que se ha convertido en fuentes de agua viva, como las aguas del río Jordán, las cuales eran utilizadas por la secta de los Esenios para bautizar y lavar los pecados de los iniciados cuando éstos iban a comenzar su vida religiosa. De allí la institución del bautismo. En ese mismo río fue bautizado JESÚS por San JUAN BAUTISTA.

El agua es el elemento que da vida. La vida comenzó en su seno, en los mares. Nosotros somos un 70% de agua y pasamos nueve meses en una bolsa de agua antes de nacer; de allí debe provenir la razón de las fuentes de agua viva; es la razón principal. La humanidad siempre le ha dado al agua la mayor importancia; agua es vida y por ello ese carácter religioso, el agua de Dios. La vida crecía en los Valles del Nilo y por eso se debe la santidad del río, al igual que del río Tigris, el Eufrates, o el milagroso río Ganges de la India. El agua lava. He ahí la razón por la cual los ensalmes de la religión cristiana afro-americana usa este elemento en sus rituales mágico-religiosos para la creación de pócimas y de los famosos baños para exorcismos, la mala suerte y para la búsqueda del amor. Asimismo, es el segundo elemento natural más poderoso, si no el primero. Recordemos que en el GÉNESIS, Dios mandó a llover durante cuarenta días y cuarenta noches y con el Diluvio Universal destruyó el Primer Mundo y de él solo escapó NOÉ y su familia en el Arca. De este modo purificó la Nueva Tierra; por tal razón es que el agua purifica y prolonga la vida. En las escrituras JESÚS da entender que el que beba agua de su fuente no tendrá sed, no morirá jamás. De allí la incansable búsqueda durante toda la Edad Media de Cruzados, Reyes y Príncipes de la Sagrada Copa en la que José de Arimatea recogiera la Sangre de Cristo, ya que la Sagrada Copa representaba la inmortalidad y el poder eterno. Por la misma razón se forjaron los romances medievales de PERCIBAL y los Caballeros de la Mesa Redonda del Rey Arturo sobre el Santo Grial o el Cáliz Sagrado que usó Jesús en la última cena y de la fuente de la Juventud que buscara el conquistador Ponce de León en la Florida; los Húelsares y el Barón Alexander von Humboldt, Bompland y muchos otros en Venezuela, pues al parecer Cristóbal Colón en su segundo o tercer viaje trae a América el Cáliz Sagrado, escoltado y protegido por Caballeros de la Orden de Santiago y de los Templarios.

Otras referencias señalan también a un gran número de banqueros judíos que se trasladaban al Nuevo Mundo, además de un grupo de Monjes Franciscanos para ser ocultado en éstas tierras y protegerlo del avance del Islam por Europa y de la codicia creciente y desmedida de Príncipes, Burgueses, de los Papas y del Clero corrupto de esa época.

Y al parecer es una de las razones por la cual Venezuela es uno de los países más espirituales del mundo y donde La Virgen se manifiesta más por ser aquí donde aparentemente se encuentra oculto el Santo Grial.

En el año de 1966 se produce la segunda etapa de las maravillosas apariciones. Pierina Gilli se encontraba en Brescia como ayudante en un convento de religiosas, bajo las órdenes del Obispo Diocesano Monseñor Giacinto Tredici y el maestro espiritual, el Sacerdote Franciscano Giustavo Carpin. En el mes de febrero de ese mismo año, mientras rezaba en su cuarto, se le apareció de nuevo la Virgen. Ésta le infundió ánimo y le prometió que para el domingo 17 de abril de ese mismo año de 1966 se aparecería en Fontanelle, una localidad dentro de la pequeña ciudad de Montichiari, y que significa «fuente de agua», debido a que se encuentra una fuente en una gruta. Llegado el día anunciado Pierina rezaba el Rosario, cerca de la gruta, cuando de nuevo, a eso de las doce del medio día, después del toque del Angelus se le apareció la Virgen y le dijo:

«Mi Divino hijo Jesús es todo amor y me mandó para dar un poder milagroso de curación a esta fuente; que los enfermos y todos mis hijos pidan ante todo perdón a mi divino hijo, besen con mucho amor la Cruz y luego saquen agua de la fuente y beban. Deseo que los enfermos y todos mis hijos vengan aquí a la fuente de gracia».

La Iglesia Brasileña Católica Carismática ha introducido como parte esencial de la oración de sanación el de beber un vaso de agua al final de las plegarias y peticiones, invocando el Poder del Espíritu

Santo. Y los Sacerdotes Carismáticos han introducido la modalidad del bautismo, ya no echándole agua en la cabeza a quienes se van a bautizar sino que ahora sumergen a las personas en un río, o lago, en piletas o piscinas a quienes desean bautizarse, como debió haber sido el bautismo de Jesús.

El Trigo Eucarístico

La Virgen se apareció luego en Corpus Christi, después el 6 de agosto de 1966 en Fontanelle. Unas cien personas se habían congregado cerca de la fuente y a eso de las tres de la tarde llego Pierina y reunió a la gente para rezar el rosario. Estando por el Cuarto Misterio, interrumpió el rosario y exclamó: «La Amada Madre de Dios esta aquí, miren todos al cielo». La Virgen se acercaba caminando por encima de un campo de trigo en maduración que se extendía cerca de la gruta; todos los que se encontraban seguían la mirada de Pierina que indicaba el caminar de la Virgen y por donde sus pies pasaban las espigas de trigo se doraban y maduraban completamente.

La Virgen entonces dijo:

«Hoy es la fiesta de Corpus Christi, fiesta de la unidad y fiesta del amor» (...) «Cuanto deseo que este trigo sea amasado y convertido en pan eucarístico para muchas comuniones reparadoras» (...) «Deseo que este trigo en forma de hostias llegue a Roma y a Fátima y que se dé hasta el 13 de octubre».

Pierina le preguntó a la Virgen si todo el trigo debía ser destinado para ese fin, y la Virgen le contesta:

«Sí, deseo que corazones bondadosos cumplan mi anhelo», (...) «Que me envíen parte de este trigo a mi amado hijo el Papa Paulo, notificándole que es trigo de su patria bresciana, de Montichiari y que está bendecido por mi vista. Hay que comunicarle los deseos de mi Hijo Jesucristo también en lo que concierne a Fátima».

Preguntó luego Pierina qué se debía hacer con el trigo sobrante. Y la Virgen le dijo:

«Que se amasen panes para repartirlos un día señalado, aquí junto a la fuente como recuerdo de mi visita y señal de gratitud de los hijos que cultivan la tierra».

Las disposiciones de la Virgen referente al trigo se cumplieron puntualmente; una parte fue enviada al Vaticano, al Papa Paulo quien las bendijo personalmente y fue las que usó para las comuniones; la otra parte la llevó el Obispo de PEREIRA VENANCIO a Fátima. El resto del trigo sobrante fue repartido y distribuido entre las parroquias de Roma, para las comuniones reparadoras. Dijo también que Ella es la mediadora entre su Hijo JESÚS y la humanidad, pide con insistencia que se rece el Rosario, que éste establezca una fuente de unión con su corazón y además glorifica al Señor de los Cielos y del Universo. Dijo que se recen oraciones de amor, de alabanzas, oraciones de petición, el Rosario. Dice que éste contiene la meditación de los misterios de la fe, junto con el Padre Nuestro, la oración del Señor que une a todos sus hijos, y la glorificación de la Santísima Trinidad con el Gloria. También añade que siempre se debe comulgar, se debe estar en comunión con Dios.

Se apareció el 6 de agosto de 1999 y dijo: «MI DIVINO HIJO JESÚS ME ENVÍA NUEVAMENTE AQUÍ PARA PEDIR LA FORMACIÓN DE LA LIGA MUNDIAL DE LA COMUNIONES REPARADORAS, LA CUAL DEBERÍA DE INICIARSE EL 13 DE OCTUBRE Y EXTENDERSE POR TODO EL MUNDO».

«Prometo sobreabundancia de gracias a los sacerdotes y fieles que promuevan este ejercicio eucarístico»

La Medalla de la Virgen

PIERINA contemplaba embelesada a la Virgen y dijo:

—Está de pie, con su manto blanco y el adorno de rosas sobre el pecho, de su brazo derecho prende un rosario que termina en una medalla. Con las manos abiertas e inclinadas hacia abajo muestra el modelo de una medalla redonda, y en la mano derecha sostiene el anverso en la medalla, donde se ve grabada la Imagen de la Virgen de pie sobre una grada, las manos juntas sobre el pecho en actitud de orar; sobre su cabeza lo mismo que a sus pies, tres rosas y al borde se puede leer en la leyenda ROSA MÍSTICA; en la mano izquierda sostiene el reverso de la medalla en la que se ve troquelada una Iglesia de cúpula redonda con tres grandes entradas y la inscripción «MARÍA MADRE DE LA IGLESIA». La Virgen dijo a PIERINA:

«HAZ ACUÑAR UNA MEDALLA SEGÚN ESTE MODELO POR UN LADO «ROSA MÍSTICA» Y POR EL OTRO «MARÍA MADRE DE LA IGLESIA»»

Dijo también:

«He sido enviada por el Señor que escogió a Montichiari para traer el don de su amor, el don de la fuente de gracia y el don de la medalla de mi amor maternal; yo intervendré en la difusión de la medalla, prenda de caridad universal; mis hijos que la lleven sobre sus corazones a todas partes; yo les prometo mi protección maternal llena de gracia en este tiempo en que se quiere destruir la veneración que se me tributa».

Rosa Mística
Madre del Cuerpo Místico de la Iglesia

El Cuerpo Místico de la Iglesia somos todos nosotros; nosotros formamos la Iglesia; somos la Iglesia todos los consagrados a servir a Dios, los bautizados en nombre de Jesús, los que hemos hecho apostolado en bien del prójimo. No sólo los sacerdotes y las religiosas son las personas consagradas, sino todos nosotros los que de una forma o de otra servimos a Dios y a la Iglesia, aunque en esencia los sacerdotes sí son el Cuerpo Místico de la Iglesia y es por esa razón que la ROSA MÍSTICA pide vocación sacerdotal, que se refuercen los sacerdotes, que se fortalezca la Iglesia, que se acaben las deserciones, que renazcan las Ligas Cristianas, como los antiguos caballeros del Temple, legionarios para vencer la apostasía de nuestro tiempo. Esa es la razón por la cual quiere la Virgen su peregrinación entre los institutos de enseñanza religiosas. Pierina le preguntó por qué tomaba el nombre de ROSA MÍSTICA y contestó que no se trataba de una nueva devoción. Dijo: «El Fiat de la redención y el Fiat de mi cooperación encuentra su símbolo en la más hermosa flor «La ROSA MÍSTICA». Yo soy la Inmaculada Concepción, Madre del Señor Jesús, Madre de la Gracia, Madre del Cuerpo Místico de la Iglesia» (...) «Esta es la causa de haber venido a Montichiari desde 1947, por voluntad de mi hijo Jesús. Si descendí a su Templo parroquial y puse mis pies en el suelo, en medio de tantísimos hijos, fue solo para dar a entender que soy la Madre del Cuerpo Místico de la Iglesia».

Añade que todo esto es una invitación apremiante para que se haga oración, penitencia, reparación. Dice: «El tiempo oscurece a medida que avanza la falta de amor a Dios, la indiferencia y el ateísmo».

Pero... ¿Por qué el Año 1966 (1999)?

La década de los sesenta trajo cambios tremendos a la humanidad por los enfrentamientos entre el bien y el mal, las fuerzas entre el odio y el amor, la lucha por la paz y la justicia. Muchas de las guerras se dieron en los Estados Unidos. Citemos: se dan cambios en la política racial, se permite por fallo de la Corte Suprema de Justicia que los estudiantes de color puedan ingresar a las Universidades e instituciones de blancos; se produce una guerra a muerte contra el Ku Klux Klan y los enfrentamientos no se detienen durante toda la década. Como consecuencia de esto muere Martin Luther King, así como también muere el Papa Juan XXIII, se produce el enfrentamiento nuclear entre los Estados Unidos y la Unión Soviética, entre Kennedy, Fidel Castro y Nikita Kruschef por el emplazamientos de misiles nucleares en la Habana, Cuba. A raíz de ello, se produce una amenaza apocalíptica para el mundo, dando como resultado la creación del cohete de largo alcance Saturno que pudiera llevar su carga atómica a Rusia y a China, el mismo que abrió los cielos al hombre con el proyecto Apolo, cuando Neil Armstrong puso el pie en la Luna en 1969. A todo esto hay que agregar el recrudecimiento de la guerra de Vietnam; el asesinato de John F. Kennedy.

Por otra parte, nace el movimiento de Paz y Amor de los Hippies, la música de los Beatles cambia al mundo; un grupo de jóvenes «Nerds» en los Ángeles y San Francisco empiezan a crear y a perfeccionar las computadoras llevando al mundo a otra era, la era del Microchip y Silicon, Microsoft y Bill Gates; el hombre nuclear, biónico. Los bio-androides renacen en las ideas de personas que buscan la inmortalidad como el Dr. Christian Barnard quien —en África del Sur— inicia los trasplantes de órganos. Las pugnas del hombre por el poder toman en este tiempo de nuevo la manzana prohibida del Paraíso.

Pero, ¿por qué en el año de 1966? Los eruditos y estudiosos de las escrituras cabalísticas, las Revelaciones, Los Evangelios Apócrifos y de las Centurias de Nostradamus y otros han establecido que la Virgen hizo su aparición en ese año por haber sido una fecha crucial para la humanidad de nuestra era. En el Libro de la Revelaciones de San Juan, capítulo 13, versículo 18 se lee: «Aquí la sabiduría: Quien tiene entendimiento calcule la cifra de la bestia». Porque es cifra de hombre: su cifra es seiscientos sesenta y seis (666). El número 6 para el pueblo hebreo era considerado como el número de la imperfección y si se repetía otras veces representaba el caos total.

Este Libro de las Revelaciones fue escrito por San JUAN en Patmos, una isla del mar Egeo, durante el destierro que sufrió bajo el emperador DOMICIANO en el AÑO 96 después de Cristo.

La guerra de Vietnam se recrudece y los Estados Unidos decide ganar la guerra cueste lo que cueste, sacrificando vidas humanas, y grandes cantidades de dinero que bien podían haberse utilizado para bien de la humanidad. Los personeros de Hacienda y del Tesoro público informaron en esa oportunidad que los Estados Unidos estaban preparados para mantener una guerra aun lejos de su territorio por cien años y a eso se volcaron para demostrarle al mundo —en especial a Rusia y China— quiénes eran. Eso significó que más tropas de los aliados tendrían que ir a combatir y a morir a una tierra extraña sin saber por qué.

El 6 de junio de 1966 se establece como la fecha establecida por algunos eruditos en las profecías bíblicas para el advenimiento del ANTICRISTO. No se puede determinar con precisión si en realidad se trata de una persona, una fecha, un símbolo, una consecuencia o un movimiento; no se sabe nada con claridad lo que significa; sólo se sabe que la simbología los números 6 6 6 — 9 9 9 eran símbolos considerados altamente negativos por antiguos pueblos del Medio Oriente.

Lo que sí es una casualidad es que en esa fecha se produjo un gran pacto entre los Carteles de la Drogas de la naciones productoras —entre otras las del opio también— y las naciones consumidoras. Una semana más tarde, en Europa, había entrado más droga que dólares y alimentos que en el 1946 con el PLAN MARSHALL (EUROPEAN RECOVERY PROGRAM). Igualmente ocurrió en Los Ángeles, Nueva York, Hanoi y Vietnam. Se dice que apoyado por gobiernos de las mismas naciones que estaban en conflicto para mantener la guerra de Vietnam, con las drogas como incentivo en una matanza sin sentido que duró mas de diez años.

Entonces, ¿quién más podría ser ese Anticristo que corrompe y engaña a la humanidad con una falsa imagen de bienestar, sembrando ilusiones para degradar al hombre más que las drogas? Y ello aunado a las consecuencias que la humanidad conoce como son: la destrucción del hogar y la familia por las separaciones de los jóvenes esposos por la guerra, los que murieron, los que nunca regresaron, los que regresaron con traumas, las esposas que se divorciaron, las que se fueron a trabajar, los hijos abandonados o criados por ayas, muchas sin educación y sin sentimientos. Se produce una aculturación y se empiezan a perder valores y tradiciones en las familias y las comunidades por el acercamiento del Oriente a Occidente. Nacen los movimientos «hippies» para revelarse contra la guerra con su símbolo de Paz y Amor; pero la droga se infiltró entre ellos. Simultáneamente se produce una gran explosión en la libertad sexual hasta llegar al punto en que el Síndrome de Inmunodeficiencia Adquirida (SIDA) o «Cáncer Gay» pasa de ser una enfermedad común en simios a poner en jaque a la humanidad.

Ante tales perspectivas, ¿cómo no iba a aparecer la Santísima Virgen para que por medio de sus mensajes reconfortara a la humanidad?

Y otra vez se presentó la simbología numérica negativa en el año 1999. En Europa del Este, la OTAN atacó a Yugoslavia —por su política de exterminio racial— y casi se convierte en una guerra con consecuencias mundiales desastrosas debido al error cometido por la OTAN al atacar la Embajada de la República Popular China en Yugoslavia. No obstante, también hay que tener esperanzas por Europa. La Santísima Virgen está apareciendo allá en Medgujorge en la Advocación de la Reina de La Paz, la cual se le apareció por primera vez a un grupo de niños en 1981 y luego en 1987, 1988 y 1989.

Y aquí en Venezuela —en un país con crisis política, moral, social y económica— la Santísima Virgen se está apareciendo, y manifestando su presencia con su escarcha, diciendo: «NO TEMAN AQUÍ ESTOY PARA AYUDARLOS A SALIR ADELANTE EN ESTOS AÑOS DE CRISIS. NO DESESPEREN». Y todos esperamos que así sea.

En las Centurias de NOSTRADAMUS dice: «EL AÑO MIL NOVECIENTOS NOVENTA Y NUEVE Y SIETE MESES DEL CIELO VENDRÁ UN GRAN REY DE TERROR A RESUCITAR AL GRAN REY ANGOULMOIS ANTES; DESPUÉS, MARTE REINARÁ» ¿Acaso el Rey terror venido del cielo fue el incansable bombardeo que ha estado recibiendo Yugoslavia por parte de los Anglosajones o (Angoulmois) norteamericanos, ingleses y franceses, aliados de la OTAN (Rey Angoulmois)? Se dice que en 1999 se abrió el último sello descrito en las REVELACIONES y que ésta es la puerta de la Caja de

PANDORA y que los males de MARTE —el Dios de la Guerra— reinará después afortunadamente. Puede ser que las profecías se refieran a una señal en el cielo que se vio en Europa, algo muy curioso desde el punto de vista de la astrología. Esto ocurrió el día 11 de agosto de 1999 cuando se observó el último Eclipse Solar del Milenio, eclipse trascendental desde el punto de vista espiritual, lo cual marca un cambio, el fin del milenio, una resurrección espiritual señalada por la Nueva Era de Acuario. Es necesario saber que hace 2.000 años se produjo un cambio semejante y fue el anuncio del Mesías, la venida de JESUCRISTO y el nacimiento de la era cristiana. Ese cambio lo marcó la presencia de un acontecimiento en el cielo: fue la aparición de una señal en el cielo, un cometa, el misterio de la Estrella de Belén. Por tal motivo, este eclipse es de gran trascendencia porque se da en los países que han marcado los cambios teocráticos y sociales de la humanidad en todo el mundo, pues la sombra del eclipse pasó por Inglaterra, Escocia, e Irlanda; tierras de Druidas, de observatorios prehistóricos, tierras de Magia y Leyendas. Inglaterra llamada por los Romanos «tierra de Ángeles», cuna de evangelizadores y de monasterios; Norte de España, tierra de los Reyes Católicos y tierras de brujas, de moros, judíos, cristianos, herejes, vascos y gitanos. Francia y Alemania con sus catedrales y cruzados, movimientos y cambios religiosos, sociales y raciales. Italia con Roma, cuna del Cristianismo y de la cultura occidental de este milenio que está culminando. Grecia, la cuna de los Dioses del Olimpo de la Astrología; el Medio Oriente, cuna de todas las religiones monoteístas: Israel, Yahvé, Jehová, Egipto con AMON RA, los países árabes; la Meca donde se venera a la Roca Negra Mensajera de los Cielos de ALÁ y MAHOMA, Irak, Pakistán, tierra de asirios, medos y caldeos, cuna de los astrólogos de ZOROASTRO, ZARATUSTRA, BALTAZAR. Mitra y Cachemira, cuna de los Reyes Magos, pasó por el Norte de la Espiritual tierra de la India y por las Tierras Sagradas del Tíbet, Butan y Nepal con BUDA.

Ese acontecimiento, si fue calculado por las matemáticas de Nostradamus o si fue un sueño revelador, ¿a quién lo llamó Rey del Terror del Cielo? tal vez por el miedo que infundía a los hombres de la Antigüedad este tipo de fenómeno. No obstante, hoy sabemos que es un acontecimiento físico normal que no interviene en la humanidad directamente, sino en los miedos internos que llevamos los hombres en lo más íntimo.

Sin embargo, después del último eclipse del milenio, un gran terremoto sacudió a Turquía con un saldo de casi 20.000 personas fallecidas y tres veces más tarde morirían de pobreza, de hambre y por el invierno, mientras se recuperan del terremoto.

Hasta la fecha se han producido dos sismos devastadores: uno en Tai Pei en China con 40.000 personas fallecidas, sismo que se repitió en el mismo lugar tres semanas después, mientras trabajaban aún en las operaciones de rescate; y luego en México con otras 20.000 más. La meteorología mundial alertó a la humanidad de los Trópicos que por efecto del fenómeno La Niña se esperaban doce tormentas en el Atlántico, el Caribe y en el Pacifico. Muchas se convirtieron en huracanes que como el Floy que arrasó la Baja California en México y Estados Unidos, sin contar con las tormentas que inundaron a comienzos del año pasado a Colombia y Perú, la tragedia más grande sucedida en Sudamérica en la última década, el deslabe del cerro El Ávila en el Estado Vargas.

Todo esto coincidió con otro punto astrológico que se denomina la Cruz Cósmica y que junto con el eclipse se formó un enlace entre la figura geométrica hecha por los planetas hasta la fecha 9-9-1999: fecha del nuevo cambio, renovación de estructuras sociales, morales, y religiosas, sobre todo en Venezuela. «La Nueva Jerusalem» como la llaman algunos iniciados de la Nueva Era y que conocen el porqué de este cambio que ha de tener la humanidad, que como profeta llegó antes para preparar el camino al nuevo milenio.

En las profecías de la Virgen de Medyugori se dice que se veía «una Cruz en el Cielo». ¿Acaso se referirá a esta Cruz Cósmica? También se habla de una gran fuerza de Energía Magnética y de rayos X, una energía que se ha estado acercando a nuestra galaxia que es tan grande como esta y la NASA ha enviado varios satélites con telescopios de rayos X para estudiarla, por lo que al parecer va afectar nuestra genética, o más precisamente: ya la está afectando. Pero todo esto es muy sutil a nuestra escala mundial y humana para percatarnos de la misma.

Es por eso que hay que estar vigilante con los acontecimientos que se nos van presentando y que aparentemente sin ser de importancia como el hecho de la muerte de otro Kennedy, ¿por qué mueren los Kennedy? ¿Y por qué en 1999? Se revelaron las señales y como dicen las escrituras «el que tenga ojos, vea», e interprete las señales. Ellas están aquí.

¡Ojo! las máquinas van a empezar a revelarse contra la humanidad. La película «El Exterminador» no es del todo ciencia-ficción. Las máquinas nos vigilan desde el cielo. Existen más de 500 satélites de telecomunicaciones y telescopios que invaden nuestra privacidad, nos vigilan y otros tantos son satélites militares que nos amenazan, cargados con cañones láser para apuntar sin falla, y cargados por supuesto con misiles atómicos que apuntan a blancos en el planeta, en vez de apuntar contra una amenaza del espacio exterior como podría ser un cometa o un asteroide o invasores extraterrestres. En el Apocalipsis de San JUAN se menciona de una guerra en el cielo. ¿Quiénes intervendrán en esta guerra, y contra quién será esta guerra de ángeles? ¿Serán los ángeles, satélites y aviones en lucha por el control del cielo? ¿O será contra un enemigo que ponga en peligro la Tierra?

¿Recuerdan del «Proyecto Guerras de las Galaxias» el <Tratado de Desarme entre los Estados Unidos y la Unión Soviética>? Pues parece que firmaron... pero no desarmaron ni un solo satélite, sino —por el contrario— ahora hay más, y no sólo es eso, sino que se rumora han caído en la tierra, e incluso aquí en Venezuela (esto no se ha comprobado porque se ha mantenido en confidencialidad, en secreto, y no se le dio cobertura periodística); sin embargo, parece que cayó un satélite —o parte de él— en el Estado Guárico con su material radioactivo, provocando daños y se le hizo pasar por un OVNI sin importancia. ¿Es esa amenaza desde el cielo, los satélites de comunicaciones «amigos» aparentemente y nuestras computadoras personales, celulares y tarjetas de crédito, etc., que es por lo cual conocen nuestra posición exacta en la Tierra y nos vigilan, el GPS es una realidad? Esto lo predijo GEORGE ORWELL en su libro titulado «1984» (y publicado en 1949) donde habla de telepantallas que dominarían al mundo (Windows, Microsoft), maravillosas «Ventanas al Mundo» y al conocimiento. Abrimos la caja de PANDORA y perdimos la inocencia; ahora podemos conocer todo al instante, saberlo todo como Dios; con apenas tocar un tecla «semejante» ponemos al alcance del hombre la tecnología sin límites que existe; tecnología que nos da grandes satisfacciones con cada avance de la ciencia, autos, televisores, música, cirugía estética.

Incluso las máquinas están dando vida, ¿ayudando al hombre a dar vida o a quitarla? ¿Hacer a la gente rica o podría una tarjeta de crédito en un minuto dejar pobre a una persona por un error de un dígito y ese dinero se perdería y no se recuperaría jamás? Las máquinas están «dando vida», están tomando el lugar de Dios en la creación del hombre y éste abrió la caja de la Humanidad y de los futuros humanos.

Se comenzó con los niños probeta; ahora están naciendo animales clonados... ¿acaso clonarán humanos? Se abusa de la ciencia, científicos sin ética, ni moral están jugando a ser Dios, y hoy «los Niños de Brasil» pueden llegar a ser una realidad. Clonar seres humanos, crear una nueva raza, de nuevo el viejo concepto mal entendido de DARWIN a la adaptación del medio, por la supervivencia del más fuerte, un nuevo concepto de racismo, un nuevo orden, la «Raza Superior», concepto que inspiro al anticristo de la década de los cuarenta ADOLFO HITLER, la depredación del hombre por los no nacidos, la raza superior, la clonada sin amor, la que nacerá. Una antigua leyenda irlandesa dice «cuando muera el último PINZÓN empezarán a nacer niños sin alma y se harán amos del mundo». Otra coincidencia es: la clave de las adaptaciones mutantes de los organismos al medio se la dieron los PINZÓN a DARWIN y los no nacidos son los clonados niños que sin la intervención del amor están siendo traídos al mundo.

En una revista española hace algún tiempo apareció un escrito sobre la posibilidad de tomar el ADN de las manchas de sangre de la Síndone o Manto Sagrado de Turín, con un experimento semejante al utilizado en la película de ciencia-ficción «Parque Jurásico», y así obtener un clon de JESUCRISTO para apoyar a los que esperan la Segunda Venida de JESÚS al Mundo.

El Número de la Bestia, la identificación personal universal que le quita la libertad a la humanidad (otra señal), aparentemente es el código como designan a Internet o sea WWW o VI VI VI —otra coincidencia—. Se menciona en las Revelaciones de San JUAN, se dice: «SE LE INFUNDIRÁ VIDA A UNA ESTATUA Y ÉSTA HABLARÁ». ¿Será un futuro robot o es una computadora? ¿Un servidor o algo superior que desconocemos que establecerá una marca en la frente y en la mano? ¿Será esta una especie de código binario de identificación personal? ¿Acaso una línea telefónica para controlarnos y saber nuestra posición en cualquier parte del planeta, o un código binario de una tarjeta de crédito?

Menciona el Libro de las Revelaciones que sólo los que tengan el Número de la Bestia podrán comprar alimento. ¿Será que en pocos años sólo el que tenga tarjetas de crédito o códigos bancarios podrá comprar y estar en el sistema financiero, y el que no morirá de hambre o por enfermedad, no podrá ingresar sin identificación a ningún centro de salud acaso? A eso se refieren las escrituras y habla que el número de la bestia es 666 quizás es VI VI VI o WWW.

El primer golpe de las máquinas a la humanidad lo dieron entre el 31 de diciembre de 1999 y el día primero del año 2.000. Esto se conoce ya como el EFECTO Y2K que produjo millones de dólares en pérdidas económicas sólo en la prevención de la falla en todo el mundo porque muchas máquinas no estaban preparadas para afrontar el cambio del milenio, alerta que se produjo en 1994 como consecuencia de un accidente: un rayo cayó sobre un poste de tendido eléctrico cerca de un central eléctrica que sobrecargó un reactor, apagando la electricidad en siete estados en los Estados Unidos.

Yo espero que las máquinas estén de nuestro lado; esas mismas máquinas que ahora nos apuntan con sus misiles atómicos porque, si viene una amenaza al planeta tierra —Las Escrituras lo llaman AJENJO— una montaña en llamas caerá en el mar, abrirá el pozo del abismo y acabará con la mayor parte de la humanidad; ya han caído cientos de asteroides en el planeta y nosotros estamos aquí precisamente por el cambio que ocasionó uno de ellos al impactar la Tierra hace unos cuantos millones de años.

Este «AJENJO» parece ser un asteroide que se espera para el año 2.028 aparentemente. No nos va a tocar, sino que va pasar cerca; pero la amenaza persiste; son cuerpos oscuros que aparecen de la nada, a veces han aparecido y no se detectan sino cuando ya están cerca, cuando ya es tarde para hacer algo. Las Escrituras no son claras, ¿la amenaza del cielo podría incluso ser algún «Alien» o visitante del espacio? Estamos en problemas. La destrucción del planeta por el avance de la ciencia y la tecnología está a la vuelta de la esquina, la capa de ozono está más abierta y derrite los casquetes polares y está aumentado el nivel de las aguas; las máquinas han aumentado la temperatura del planeta y los glaciares se están retirando. Hay un aumento en la evaporación de las aguas, y los niveles de pluviosidad y humedad se salen de los parámetros estadísticos, aumentando las tormentas. Para colmo las aguas puras son ya escasas, y el agua de lluvia cada día es mas ácida. Por eso esperamos en la Santísima Virgen para que ampare este mundo de los vaticinios de calamidades descritas en las antiguas profecías como las Revelaciones de San Juan, FÁTIMA, NOSTRADAMUS, MALAQUÍAS, MARINA MAROTTI, GEORGE ORWELL y las propias profecías de la ROSA MÍSTICA, y nos prepare para enfrentar con fortaleza y coraje cada situación en su momento y poder seguir adelante en la construcción de un mundo mejor de una verdadera Nueva Venezuela. AMÉN.

Las Apariciones en Venezuela

Como ya se sabe «Venezuela ha sido país escogido por la Virgen» para hacer sus apariciones y desde las épocas de la Conquista y la Colonia la Virgen MARÍA ha estado manifestándose en diferentes lugares de nuestro territorio nacional, como ha sido el caso de NUESTRA SEÑORA DE COROMOTO quien se les apareció a los Indios COSPES, y quien es nuestra Patrona y Madre de todos los venezolanos.

Sin embargo, ahora, al final del milenio, en menos de 25 años, las apariciones y las manifestaciones de la Santísima Virgen se han incrementado como son las apariciones en la Finca BETANIA, donde miles de personas, venezolanos y peregrinos de todo el mundo han venido y han visto a la Virgen y ÉSTA ha sido vista mostrándose en diferentes advocaciones. También las apariciones en el Convento de Carrizales donde la Virgen apareció suspendida en el aire sobre unas plantas de plátanos, parada sobre un enorme corazón, aparición que fue vista por un grupo de religiosas y que aún no han sido confirmada, en la ciudad de Valencia y en la isla de Margarita, donde se dice que acompaña al atardecer a un humilde pescador en su caminar. También de la Peregrina ROSA MÍSTICA, quien ha sido vista en las vigilias, en rezos, en fin, en diferentes lugares y por diferentes personas y cuyas descripciones son así:

Dijo TANNIA —escultora ortodoxa cristiana de padres rusos a quien la Virgen le hizo un milagro—: «LA VI ENVUELTA EN LUZ, PERO LA LUZ NO ERA CON LOS COLORES NORMALES QUE SE VEN EN EL MUNDO; NO PUEDO EXPLICARLO; LOS COLORES NO PERTENECEN AL ESPECTRO SOLAR CONOCIDO; ERA COMO SI LA LUZ TUVIERA FORMA MATERIAL, UNA LUZ SUAVE A LA VISTA PERO ENORME, ENTRE BLANCO Y AZUL. NO ENCANDILABA PERO TAMPOCO PODÍA VERSE DIRECTAMENTE PUES POR LA LUZ LA SILUETA SE ESCONDÍA HASTA QUE PUDE VER SU LINDO ROSTRO, CON UNA DULZURA Y UNA PAZ INDESCRIPTIBLE. NO PUDE PRECISAR EL TIEMPO DE LA VISIÓN». Y es así como se le ha aparecido a esta mística mujer. A la Señora BERNARDETT, médico francesa de nacimiento, se le apareció justo una hora antes de que la imagen de la ROSA MÍSTICA llegara a peregrinar a su casa.

Ella también dijo: «DE PRONTO SENTÍ UNA ALEGRÍA INDESCRIPTIBLE SIN EXPLICACIÓN ALGUNA, YA QUE EN ESE MOMENTO LA PREOCUPACIÓN DE UN HERMANO CON DOS HORAS DE UN PROCESO QUIRÚRGICO CONVALESCÍA EN CASA. AL BUSCAR ALGO DE BEBER PARA ÉL, LA VI EN EL SALÓN DE LA CASA. LA VI ENVUELTA EN LUZ: LA SILUETA DE UNA MUJER QUE SE DESPLAZÓ MUY RÁPIDAMENTE HACIA EL SALÓN; SÓLO LA SILUETA DE LA ESPALDA DE LA MUJER A QUIEN EL BRILLO DE SU MANTO ME ESTASIÓ. EL ESPECTRO DE LUZ DELIMITÓ SU SILUETA ENTRE UN COLOR CREMOSO Y DE BORDES DE ORO; NO PODRÍA DESCRIBIRLOS CON PRECISIÓN, PERO EL SILENCIO Y LA PAZ QUE ME TRASMITIÓ EN SEGUNDOS ME EVIDENCIO EL PRIVILEGIO DE LÓ QUE ME SUCEDÍA, ESTO DURÓ SEGUNDOS, NO PUEDO PRECISAR EL TIEMPO...»

Afirmó que, al final de la visión, el recinto se encontraba lleno de una bella y suave escarcha de color rojo púrpura. Al día siguiente, en horas de la mañana, sintió de repente un gran deseo de mirar al patio de su casa y cerca de unas matas vio algo que se movía, como si fuera parte del viento. Dijo que entre sombras y luz empezó a aparecer la silueta como de una mujer, la cual no se podía ver muy claramente, porque estaba rodeada como de una neblina llena de luz, dijo que esa clase de luz nunca antes la había visto como si no fueran de la tierra, no eran las luces que uno siempre ve dijo, sintió una gran emoción, no sintió ninguna clase de miedo, su piel se erizo y su corazón empezó a latir mas rápido. A continuación experimentó una paz profunda. La visión no duró más que unos segundos, aunque comprendió enseguida que se trataba de una visita real de la Virgen. También en una vigilia en casa de la Señora MARGOTH, sucedió que se les apareció a quienes estaban rezando el rosario, una especie de nube tenue, blanca como vapor de agua, en forma de mujer. Podía percibirse con claridad un vestido largo y un velo sobre los hombros. El rostro no pudo ser visto con claridad; sin embargo, los presentes no dudaron que era la Virgen que los acompañaba en esa vigilia. Y así ha acontecido con un gran número de personas quienes han experimentado visiones semejantes y atribuibles la Virgen MARÍA.

La niña PILAR de cuatro años de edad quien —entre juegos y sueños— dijo que veía a una señora que la acompañaba y la cuidaba, y que asimismo jugaba con ella, y que cuando se levantó para ir al colegio ya no estaba. Los padres —al indagar acerca de ésta señora y el porqué de estos sueños, le preguntaron quién era esa extraña mujer con la que jugaba. Ante lo cual la niña respondió: «LA ROSA MÍSTICA».

Los padres quedaron sorprendidos y le mostraron postales donde aparecían las diferentes advocaciones de la Virgen. Mas la niña fue directo a la de la Virgen ROSA MÍSTICA y sin vacilar afirmó señalándola: «Mami esta es la Señora, la Virgen ROSA MÍSTICA la que entra en mi cuarto».

La Señora INOCENCIA se encontraba en una vigilia en Carrizales, después de transcurrir la noche en oración y meditación, con la vista cansada. Ella entró en una especie de letargo, y comenzó a contar:

«Eran aproximadamente las 4:15 A.M. y el sacerdote oficiaba la misa antes del alba. De pronto sentí un gran silencio que me aisló de la misa y observé en el jardín una luz grande y muy blanca que tomaba forma. Era como la imagen de una mujer con una vela en sus manos. En mi cansancio me preguntaba: ¿qué hará una monja fuera de la misa, y sola en el jardín? Nuevamente el letargo se apoderó de mí con más fuerzas y cuando volví a mirar estaba allí; la vi, bellísima, envuelta en luz. Ella era pura luz, todo un espectro de luz violeta se abría en la silueta maravillosa de una mujer, en tamaño natural, que flotaba al lado de la gruta. De pronto fue lo más hermoso: dentro de la silueta de la luz brillaba con más intensidad la luz de la vela, un brillo nunca antes visto que me mostró el rostro de un bebe en sus brazos, en ese momento comprendí que era ella, la maravillosa mujer de luz. El silencio dentro de mí fue mayor. Comenzó a sentirse un suave olor a rosas y algunas escarchas cayeron en el pasillo donde se celebraba la misa, ha sido el privilegio más grande de mi vida. Gracias Madre».

Relato de las Apariciones de La Santísima Virgen María «Madre de las Almas Consagradas»

(Carrizal, Edo. Miranda, Venezuela. Extraído de un folleto de las hermanas «Siervas de Jesús» de la quinta <la Milagrosa>).

«El día 6 de febrero de 1993, después de la adoración al Santísimo salieron las monjas de la capilla a ensayar unos cantos a la Virgen. Al final de un pasillo, y a eso de las 7:20 P.M. fueron vistos unos extraños relámpagos de color azul en el jardín. Al instante apareció la Virgen María sobre una mata de cambur, a unos cuantos metros de distancia de donde se encontraban las monjas. Se movía y abría las manos y levantaba la mirada al cielo. La vieron bajo diferentes advocaciones. Su figura era de tamaño natural, muy resplandeciente. Iluminaba todo el bosque, con luz blanca y azul muy tenue. Una hermana que dudaba, al querer acercarse para asegurarse de lo que veía, sintió una voz que le dijo: <No lo hagas>. Luego la Virgen pidió a esta misma hermana que se arrodillaran porque las iba a bendecir. Vio cómo levanto sus manos y las bendijo. Las monjas siguieron rezando. Y de repente vieron desprenderse una estrella del manto de la Virgen, que cayó en tierra. La Virgen estuvo allí hasta las 5:45 A.M. del día 7 de febrero.

A las 11:00 A.M., sin hacer ningún comentario, se acercaron al sitio y

La Virgen de las Almas Consagradas que aparece en Carrizales

pudieron ver que todo estaba cubierto de escarcha plateada. Al día siguiente, durante la limpieza de la casa, encontraron escarcha de todos los colores en el piso, cuartos, paredes, etc. y las rejas con un polvo plateado tal como el que fue visto en el bosque el día 19 de febrero cuando apareció de nuevo. Observaron cómo las estrellas pasaban delante de Ella, desprendiéndose y dejando una estela al desaparecer, otras titilaban lentamente como si el firmamento se volcara sobre Ella».

Allí dio un mensaje que terminaba diciendo:

«Esta es mi advocación: Virgen María Madre de las Almas Consagradas». El fenómeno de las *escarchas* fue extendiéndose a las casas y comunidades religiosas en señal de su presencia que había prometido, en un mensaje privado, dado el día 9 de febrero de 1993.

Desde esta fecha Ella misma se encargó de dar a conocer su aparición a otras comunidades y congregaciones cuyo testimonio se encuentra escrito. En sus mensajes deja ver que ese sitio llamado por Ella misma «MI BOSQUECITO» se ha convertido en un lugar sagrado. Hasta el presente los mensajes han sido para las Almas Consagradas como son los sacerdotes y religiosas, o lo que se conoce como el Cuerpo Místico de la Iglesia.

Mensaje de la Virgen El día 23 de diciembre 1993 en su décima aparición.—

Dijo: «HIJITOS… HIJITAS, EN TODOS LOS LUGARES DE MIS APARICIONES LLEGÁIS BUSCÁNDOME CON LOS OJOS DEL CUERPO, NO CON LOS DEL ALMA Y DEL CORAZÓN Y ESTO HACE QUE SE DISIPE VUESTRO CORAZÓN, Y NO PERMITE EL RECOGIMIENTO INTERIOR. SI NO ME VEIS CON LOS OJOS DEL ALMA Y DEL CORAZÓN, ¿CÓMO ME VERÉIS REALMENTE CON TAN POCA FE? SI DISIPÁIS VUESTROS ESPÍRITUS IMPEDÍS SENTIRME A VUESTRO LADO Y EN VUESTRO CORAZÓN».

La Rosa Mística Llora y Sangra

¿Por qué llora la Virgen? La Virgen lloró por el dolor que sintió al ver a su hijo JESÚS padeciendo y crucificado en la cruz. La Virgen que llora es llamada la Dolorosa, y hay una Imagen de ella que se venera en la Iglesia de San FRANCISCO en el centro de la ciudad, frente a la Plaza BOLÍVAR en Caracas.

¿Y qué más significa «Dolorosa»? la palabra se descompone en otras dos: <Dolor> y <Rosa> o la «Rosa del Dolor», porque el dolor es parte de nosotros, de la vida, como reza el DIOS TE SALVE:

«Dios te salve, Reina y Madre, Madre de misericordia, vida y dulzura esperanza nuestra, Dios te salve, a ti llamamos los desterrados hijos de Eva, a ti suspiramos, gimiendo y llorando, en este valle de lágrimas. Ea, pues Señora, abogada nuestra, vuelve a nosotros esos tus ojos misericordiosos, y después de este destierro muéstranos a Jesús, fruto bendito de tu vientre. Oh clemente, oh piadosa, oh dulce siempre Virgen María. Ruega por nosotros, Santa Madre de Dios, para que seamos dignos de alcanzar y gozar las promesas y gracias de nuestro Señor Jesús Cristo. Amén».

Y ello significa que estamos en este mundo *desterrados de la*

La Rosa Mística llora sangre en Brasil

presencia de Dios y en un valle de lágrimas, sufriendo y llorando; que necesitamos de MARÍA Madre de Dios, para que interceda y abogue por nosotros ante el Señor. Por eso es la Dolorosa, «EL DOLOR DE LA ROSA MÍSTICA».

¿Dónde ha llorado la ROSA MÍSTICA?

- —El 16 de noviembre de 1972 toda la imagen sudó y se bañó como en un suero linfático, en Kairos, Choubra.
- —En Montenaken, Bélgica, desde el 27 de enero hasta marzo en 1984.
- —El 29 de mayo de 1984 en St. JOHANES V. GOTT en Chicago, Estados Unidos.
- —El 16 de septiembre de 1984 en Santa Bárbara, Antioquía, Colombia.
- —Luego también en Limburg, Bélgica, el 6 de septiembre de 1985.
- —Lloró sangre en Juis de Fora, en el Estado de Minas Gerais, en Brasil el 4 de mayo de 1989.
- —Lloró sangre en enero de 1993 en Java, Indonesia.
- —El 16 de mayo de 1995 en Japón.
- —En Caracas, Venezuela, sangra el 10 y 11 de enero de 1999.

El caso que conmovió más fuertemente a la opinión pública en el país, fue el sucedido en una Institución Militar, en la Oficina de un alto oficial de las Fuerzas Armadas (debo añadir: <aparentemente>, pues no dispongo de información precisa al respecto).

Resulta que se encontraba una imagen de la ROSA MÍSTICA en peregrinación y el día anterior cuando iba a ser retirada por las monjas, se llevaron la sorpresa de que la imagen supuestamente había sangrado. El sangramiento bajaba del pecho a la altura de las manos. La sustancia en cuestión era de un color morado púrpura, y toda dicha sustancia estaba cubierta por una gran cantidad de escarcha.

Lo otro que ocurrió es que la imagen se había vuelto pesada y no podía ser movida por los soldados encargados de la custodia del departamento. Posteriormente fue trasladada a la iglesia BELÉN donde fue recibida por una gran multitud de personas e incluso una alcaldesa del país —quien había ido a visitarla— recibió un mensaje a través de una Vidente de la Virgen en otra de sus advocaciones, CARM ALIS, la cual se encontraba en la Iglesia en ese momento. A la Virgen se le hizo custodia y vigilia por tres días; luego fue trasladada a la Institución Militar de nuevo y ulteriormente a la Iglesia del BELÉN donde se quedó definitivamente. Suele ser visitada por cientos de personas.

Se comentaba que ese sangramiento presagiaba derramamiento de sangre y guerra civil en el país por problemas políticos y luchas de poderes. Del mismo modo, se comentaba que iba a haber un golpe de estado por parte de unos militares descontentos para los momentos en que sangra la ROSA MÍSTICA. Acaso ese sangramiento de la Virgen detuvo una posible guerra en el país, y esperamos con confianza que en el país no pase nunca lo que ha acontecido en Yugoslavia, pues la Virgen Reina de la Paz de Medgugoje no pudo evitar el exterminio racial ni la intervención de la OTAN. Recemos para que en Venezuela no ocurra lo que ha sucedido en Yugoslavia y se conserve la Paz.

El Dolor por los Estados Vargas y Miranda

Pero la razón por la que sangró y se manifestaba con la escarcha en Venezuela no era por el enfrentamiento político, ni militar ni por la nueva Constituyente; era por lo que venía al país, por la parte que le tocaba pasar en este mundo y en ese momento: un cambio de dirección, de humanidad, de pensamiento, de valoración. Los venezolanos teníamos que enfrentar el nuevo reto, la entrada del milenio y se debía preparar al país y a su gente, probar nuestra capacidad de reacción, nuestra humanidad, nuestra hermandad ante la adversidad y el amor. La Nación iba a dar a luz a una nueva Venezuela, la V REPÚBLICA, la República Bolivariana de Venezuela para entrar en el nuevo milenio a la era de la trascendencia marcada por los chinos como el «Año del Dragón».

Como todo parto, vino acompañado de dolor, llanto, agua y sangre. Por lo general, las Constituciones nacen así; sin embargo, el dolor lo causó esta vez la naturaleza, no los hombres en su lucha por el poder. Ella evoluciona, cambia, se regenera, se limpia y se lava. La madre tierra es así y nadie puede luchar contra ella, ni contra los designios de Dios. Sólo ÉL sabe por qué suceden las cosas.

Aun cuando —desde ya hacia algún tiempo— muchos iniciados en las escuelas herméticas esperaban un suceso que marcaría ese cambio, aunque sin saber con precisión cuándo, dónde, ni en qué forma esto iba a suceder. Dios revela sus secretos a muy pocos, y los estudiosos de las Escrituras, astrólogos y otros vinculados a círculos herméticos, esperaban esto desde que se presentó una alineación planetaria precedida por el paso de dos cometas y el eclipse de Sol en el Zulia y la Península de Paraguaná. A esto debería agregarse que el Presidente de turno se eclipsaría también.

El cambio transcendental viene, pero no es cronológico. No significa que viene con el año 2000, ni con la Constitución de la Nueva República. Viene dado con el corazón, viene de dentro de nosotros hacia fuera. Si no se da ese cambio en nosotros la República se perderá nuevamente tal como ha sucedido con las otras. Tenemos que abrir el corazón y poner de nuestra parte sin mirar para atrás. El futuro está delante.

Desde que comenzó el fenómeno de la escarcha me preguntaba por qué aparece ésta. ¿Qué significa? Cuando preguntaba a las hermanas, sacerdotes y laicos de las peregrinaciones me decían la <dorada> es tal cosa, la <roja> es esta otra... Aún desconozco el significado, aunque sí aprendí a darme cuenta que es COMO UNA SEÑAL DE SU PRESENCIA. Como decir: SI ESTOY CONTIGO ACOMPAÑÁNDOTE EN TU DOLOR y para mí ése era el significado, el porqué de tanta <escarchas> que salían a la gente en todas partes y —especialmente— en los momentos de dolor, angustia, enfermedad. Ahora yo digo que Ella vino a Venezuela a ayudarnos, a darnos consuelo y fortaleza y a decirnos:

EL DOLOR PASARÁ

Todavía mi familia dice que no es así. Siempre —desde niño— escuchaba decir a mi abuela: «siempre se ha dicho que no es bueno y que es mal presagio que lloren los Santos en especial la Virgen y que su llanto presagia desgracia». Estos casos se han dado en todo el mundo, por los días de la tribulación debido a las inundaciones en el Estado Vargas y Miranda, durante la procesión del Nazareno de San PABLO de la Basílica de Santa TERESA y Santa ANA en Caracas, para que se detuvieran las lluvias.

Se dijo que al Nazareno se le desprendió el brazo derecho. En el Estado Miranda, el Gobernador afirmó que vio llorar a un Nazareno de una Iglesia de un pueblo, llamado Santa Bárbara en la zona de Río Chico. Éste se había inundado, pero que a pesar de todo, el agua no tocó ni un solo santo. Después —durante una cena de Navidad en dicha población— mucha gente fue testigo de este acontecimiento.

Los mensajes llegaban y no se interpretaban. Una amiga, ARI, contaba: «algo malo va a pasar en el país; lo siento y no sé qué es. De solo decirlo lloraba sin explicación».

Otra amiga, MIRYA tuvo un sueño en el que viajaba por la carretera de la costa, de Los Caracas hacia Macuto, y que algo grande y oscuro se acercaba a la playa. Esto era malo y espantoso. Iba en un carro con su sobrino al volante. Una gran oscuridad se acercaba a ellos. Ella decía: «corre; por las piedras no, por las piedras no, nos vamos a matar». En eso ella se bajó del carro y dijo:

—Mejor nos vamos a pie, corramos, corramos hacia esa colina.

Dos semanas después el sueño se hacía realidad. Algo espantoso sucedía en La Guaira. Otra señora había dicho también, meses antes, algo similar. Pero, ¿quién le iba a creer a una mujer que parece más bien loca al narrar lo que vio en un sueño?

Soñó que una gran ola destrozaba el puerto de La Guaira. Días antes, MIRIAM también tuvo un sueño: caminaba entre escombros y lluvia. Durante las elecciones para la Nueva Constitución, un amigo, Jorge, sacó un par de cuchillos y en forma de Cruz los puso en el suelo para que cesaran las lluvias y, a manera de broma, dijo: «bueno, yo estoy preparado para lo que venga. Ayer hice un gran mercado porque uno no sabe lo que pueda pasar». Es como si un ángel en ese momento hubiera pasado diciendo «Amén». El mensaje se había dado.

Pero, ¿cómo se podía interpretar todo esto? En fin: ¿quién esperaba esto en un país como Venezuela al cual no entran huracanes, ni nada por el estilo. No obstante ello, estábamos equivocados. Sí somos vulnerables frente a la naturaleza. Aunque si pasamos la prueba, el pueblo venezolano será capaz de sobreponerse y salir adelante. Todos unidos en busca del bien común ante la desgracia en el Estado Vargas y el Estado Miranda y los otros Estados afectados: Táchira, Falcón, etc.

El pueblo se olvidó de todo lo relacionado con política, resentimientos, odios, enfrentamientos, Navidades y milenio. El voluntariado salió espontáneamente a prestar su ayuda en todas partes, y en donde fuere necesario. La gente no podía quedarse tranquila en sus casas sin salir a ayudar; de todas partes del país, la gente se movilizó al ver la magnitud sin precedentes de la tragedia del Estado Vargas. Pienso que la última venida del Papa JUAN PABLO II y la siempre presencia de la VIRGEN PEREGRINA, hizo que el pueblo venezolano despertara sentimientos de hermandad y solidaridad dormidos desde hacía mucho tiempo.

No sé la razón por la cual unos vivieron y otros murieron, e ignoro si pagaron justos por pecadores. Tampoco sé si murieron los buenos y los malos quedaron vivos, o el porqué Dios y la Virgen permitieron que esta tragedia ocurriera. Mas si se libró por esos días una lucha entre el Bien y el Mal porque el Maligno despertó también sentimientos negativos en muchas personas, lanzadas a la violencia, ira, envidia, celos, codicia, venganza, avaricia; y el animal que llevan unos adentro afloró para hacer daño sin que le importara el dolor de sus hermanos que habían perdido todo, en una tierra donde el pavor y el dolor no tuvieron límites.

La Virgen Peregrina dio muchos mensajes, pero no supimos interpretarlos o nos negamos a escucharlos, porque a veces nos cegamos con el mundo que nos rodea, y pensamos que Dios no existe y que somos inclusive más poderosos que ÉL. El Señor nos quita la visión y no nos permite ver más allá de nuestras narices. Nos engañamos y lo retamos y nos olvidamos que está escrito: «No TENTARÁS AL SEÑOR, TU DIOS».

Tercera Carta de Nuestra Señora de Fátima a la Iglesia

La iglesia ha dado permiso de revelar a los fieles una parte del mensaje de FÁTIMA. La Santísima Virgen se les apareció a tres niños en 1917. Una de esas niñas era LUCÍA, quien aún vive; es monja y reside en Roma. Así, la Hermana LUCÍA dio el mensaje de la Virgen al Papa Pío XII. Éste —al terminar de leer— estaba temblando. Guardó el mensaje y no lo dio a conocer. El Papa JUAN XXIII, hizo lo mismo porque, de revelarlo, produciría caos y desesperación. Ahora se revela otra parte para no causar pánico, ya que la humanidad debe conocerlo para prepararse.

La Virgen en 1917 le dijo a Lucía, la menor de los hermanos que vieron a la Virgen en FÁTIMA:

«Ven, hija mía, di al mundo lo que pasará a partir de los años cuarenta; el hombre no estará poniendo en práctica los mandamientos que nuestro Padre nos dio, el demonio estará dirigiendo al mundo, pondrá odio y cizaña por todas partes, fabricarán armas mortales que destruirán al mundo en minutos, la mitad de la humanidad será horrorosamente destruida, la guerra comenzará contra Roma, habrá conflictos entre las ordenes religiosas, Dios permitirá que los fenómenos naturales todos, como el frío, el humo, el granizo, el agua, el fuego, las inundaciones, el tiempo inclemente, los terremotos, desastres terribles y los inviernos sumamente fríos, poco a poco acabarán, destruirán la tierra. Estas cosas de todas maneras sucederán antes de que acabe la era. Los que no quieran creer en lo que con amor les dice su Madre y los que lamentablemente *ni pusieron en practica el amor y la caridad, pues éstos son símbolos de verdaderos cristianos.* «La gente que se complace sólo con los bienes materiales, los egoístas, los faltos de caridad hacia el prójimo y los que no se amen los unos a los otros como mi hijo los ha amado; todos estos que puedan sobrevivir desearan haber muerto, millones de éstos perderán la vida en segundos. La clase de castigos que están frente a nosotros en la tierra es inimaginable, pero definitivamente vendrán. Nuestro Señor castigará duramente a los que no crean en Él, a los que lo despreciaron, a los que no tuvieron tiempo para Él. Estoy llamando a todos a que vengan hacia mi Hijo Jesucristo. Dios ayuda el mundo, pero aquellos que no den testimonio de fidelidad y lealtad hacia Él, serán destruidos en forma aun peor».

El Padre Agustín de Roma que está en FÁTIMA dice que el Papa PAULO VI le dio permiso de visitar a la hermana LUCÍA. Ésta lo recibió muy tristemente y le dijo:

«Padre, nuestra Señora está muy triste porque nadie ha tomado interés en su profecía de 1917. Así los buenos tienen que caminar con sacrificio por un camino estrecho y los malos van por un camino ancho, que los lleva directamente a la destrucción y créame Padre, el castigo vendrá muy pronto; muchas almas pueden perderse y muchas naciones desaparecerán de esta tierra. En medio de todo esto si el hombre perdona, reza y hace buenas acciones, el mundo podría ser salvado; en caso contrario, si *el hombre* insiste en sus maldades, *el hombre* se perderá para siempre. Ya ha llegado el tiempo para todos de empezar a rezar, de hacer penitencia, de sacrificarse y de pasar el mensaje de la Virgen de Fátima a sus familiares, amigos y al mundo entero. Estamos cerca del último minuto, el último día y la gran catástrofe se aproxima».

Debido a esta catástrofe, muchos regresaran arrepentidos a los brazos abiertos de la Iglesia Católica de la cual se apartaron un día.

Regresaran Inglaterra, Rusia, China, Protestantes y Judíos. Todos regresarán, adorarán y creerán en Dios nuestro Señor, en su Hijo Jesucristo y en la Santísima Virgen María. Se dice que el Papa y los Obispos están ahora esperando otro mensaje que habla del arrepentimiento y de la oración.

Por todas partes se habla de paz y de tranquilidad, pero el castigo vendrá. Un Hombre en puesto muy alto será asesinado y esto provocará la guerra. Será una guerra fría. Una arma poderosa caminará a través de Europa y la Guerra Total comenzará.

Esa guerra destruirá todo. La oscuridad caerá sobre la Tierra por tres días y la tercera parte de la humanidad que sobreviva estos tres días de oscuridad, comenzará a vivir una Nueva Era. Ellos serán buenas gentes. En una noche muy fría —diez minutos antes de la medianoche— un gran terremoto sacudirá la tierra por ocho horas; ésta será la Tercera Señal de que Dios es el que gobernará la Tierra. Los buenos y los que propaguen el mensaje o la profecía de la Virgen de FÁTIMA, no deberán tener miedo ni temor. Según LUCÍA se debe arrodillarse y pedir perdón a Dios:

«NO SALGAS NI DEJES ENTRAR A NADIE EXTRAÑO A TU HOGAR, SÓLO LO BUENO NO ESTARÁ EN PODER DEL MAL Y SOBREVIVIRÁ A LA CATÁSTROFE. PARA QUE USTEDES SE PREPAREN Y PUEDAN PERMANECER VIVOS COMO HIJOS MÍOS QUE SON, LES DARÉ ESTAS SEÑALES: LA NOCHE SERÁ MUY FRÍA, SOPLARÁN FUERTES VIENTOS, HABRÁ ANGUSTIA Y EN POCO TIEMPO COMENZARÁ EL TERREMOTO, TEMBLARÁ LA TIERRA; EN LA CASA CIERRA PUERTAS Y VENTANAS Y NO HABLES CON NADIE QUE NO ESTÉ EN TU CASA, NO MIRES HACIA FUERA, NO SEAS CURIOSO, PUES ÉSTA ES LA IRA DEL SEÑOR. ENCIENDE TUS VELAS BENDITAS, YA QUE NINGUNA OTRA LUZ SE ENCENDERÁ POR TRES DÍAS. EL MOVIMIENTO SERÁ TAN VIOLENTO QUE TRANSFORMARÁ LA TIERRA, EL EJE DEL PLANETA SE MOVERÁ 23 GRADOS Y REGRESARÁ A SU POSICIÓN NORMAL. ENTONCES VENDRÁ UNA ABSOLUTA Y TOTAL OSCURIDAD QUE CUBRIRÁ LA TIERRA ENTERA. TODO ESPÍRITU MALIGNO ANDARÁ SUELTO HACIENDO MUCHO MAL A LAS ALMAS QUE NO QUISIERON ESCUCHAR ESTE MENSAJE Y A LOS QUE NO QUISIERON ARREPENTIRSE.

«TODAS LAS ALMAS FIELES RECUERDEN PRENDER SUS VELAS BENDITAS; PREPAREN UN ALTAR SAGRADO CON UN CRUCIFIJO PARA COMUNICARSE CON DIOS Y PEDIRLE SU INFINITA MISERICORDIA. TODO ESTARÁ OSCURO; APARECERÁ SÓLO EN EL CIELO UN GRAN CRUZ MÍSTICA PARA RECORDARNOS EL PRECIO QUE SU HIJO PAGÓ POR NUESTRA REDENCIÓN».

Los Mensajes que Llegan

A un grupo de personas, de las cuales yo conozco a algunas y de otras he oído hablar, me consta que son personas psíquicamente normales, se hallan en perfectas condiciones mentales, todas unas señoras de respeto. Y, sin embargo, resulta que todas éstas, a pesar de que no se conocen muchas de ellas entre sí, y que entre ellas no tienen contacto —o no lo tenían— cuando las conocí, por ser de diferentes lugares y de diferentes condiciones sociales, poseen algo en común: han estado recibiendo una especie de mensajes de otra dimensión de formas muy similares. Éstos son en formas de versos, oraciones, especies de profecías, incluso formas de rituales especiales. Dichos mensajes son escuchados en estados semiconscientes, o durante el sueño. Ellas se despiertan y se ponen a escribir lo que sueñan. Después de ver y analizar muchos de esos mensajes me percaté que todos se referían a lo mismo, y parecían ser dictados por la misma persona.

Entre las personas que recibían los mensajes están mis amigas ELBA; me confesó que le hablaba la Virgen. A ESMERALDA decía que eran los ángeles. MARILIN le habla a través de sueños. MIRIAM declara que es inspiración divina. BETTY, por su parte, añade a esta lista que no sabe por qué lo hace. A MARI CARMEN le habla una luz. A ARY que la Virgen habla a través de ella: cuando cae en estado de éxtasis no recuerda nada, y son las personas que están cerca de ella en esos momentos los que oyen los mensajes y los escriben.

En fin, conozco veinticuatro o más personas a quienes les sucede esto. A todas ellas les ha cambiado la vida absolutamente. Existe una nueva razón de fe que las ha tocado. Y sin ser fanáticas religiosas, porque de eso doy fe. Todas ellas se han convertido en instrumentos de amor.

La Imagen en la Tabla

Se trata de una manifestación que aún puede verse, pues la imagen de la Virgen ha quedado como testimonio para todo aquel que quiera verla.

La historia comienza así: uno de los hijos de la Señora MARÍA AUXILIADORA pinta retablos de vírgenes, y estuvo un tiempo pintando distintas advocaciones de la Virgen. El tiempo transcurrió y se cansó de pintarlas. Las guardó detrás de unos muebles de jardín, al lado y debajo de unos helechos en un segundo piso; cuando se regaban las plantas el agua escurría y la lluvia también caía sobre los retablos de madera donde estaban pintadas las vírgenes.

Pasado un tiempo —no se sabe con seguridad cuánto tiempo— el agua, al entrar en contacto con la tabla de madera, formo la imagen de la Virgen. Ésta apareció de un modo misterioso e impresionante en una mancha, donde se puede apreciar a la Virgen María con el niño JESÚS en sus brazos. El hijo de la Señora MARÍA AUXILIADORA, cuando descubrió la imagen grabada en la tabla, la buscó y le dijo:

—Yo he pintado éstas [refiriéndose a los otros retablos] pero *ésta*, ¿quién la pintó?

Tampoco es fácil ver la imagen; no todos pueden verla y muchas personas dicen ver ángeles, santos y al mismo JESÚS. Son relativamente pocas las personas que han visto la tabla, ya que ésta se encuentra en reserva para ser estudiada. Sin embargo, la han visto algunos intelectuales, sacerdotes y hermanas religiosas católicos, representantes de otras filosofías religiosas, quedando impresionados y reconociéndola y aceptándola enseguida.

Imagen de La Virgen plasmada en un trozo de madera

El Corazón de Jesús y la Escritura de Arameo

Ocurrió que mientras me encontraba en un café de la ciudad con unos amigos: LORENA y MOISÉS hablando de las manifestaciones de la ROSA MÍSTICA, cuando llegó una señora e interrumpió nuestra conversación. Nos informó de un extraño suceso en una casa en la que había estado la ROSA MÍSTICA. Nos dio la dirección y la curiosidad hizo el resto.

Días después nos trasladamos a la dirección en cuestión, en Caracas. Allí se encontraba un cuadro, aunque más bien se trataba de una vieja litografía, del Corazón de Jesús que estuvo de moda por los años veinte o treinta y que aún se ve colocado en las paredes de muchas casas en el país. A pesar de ser muy vieja, las personas lo preservan con mucho cariño.

La manifestación consistía en que la litografía que estaba protegida por un vidrio (también de la misma época) se llenaba de unas pequeñas goticas brillantes, *como si sudara*. Al parecer esa goticas eran de aceite; aparecían en las mañanas y al atardecer desaparecían o se evaporaban. Lo vimos varias veces y a mí no me pareció nada del otro mundo. Podría suponerse que era la humedad que de algún modo se cristalizaba; al menos así lo veía yo. Pasado un tiempo me llamaron y fui a ver lo que sucedía.

En el cuadro habían aparecido unas extrañas figuras creadas por las mismas goticas de aceite que no se veían muy bien. Eran como arabescos. Mi amigo MOISÉS —que se encontraba conmigo— se comunicó con su amigo NAHEM, un judío docto en escrituras orientales a fin de que confirmara la sospecha de MOISÉS: era en efecto una escritura aramea. NAHEM en la actualidad se halla descifrando el escrito que apareció en el cuadro.

Las Señoras Luisa María y Miriam
La Danza del Sol en Betania

¿Quiénes son la Señora LUISA MARÍA y la Señora MIRIAM? Ellas son cuñadas y ambas marianas, fieles a sus tradiciones cristianas, heredadas de sus ancestros. Han sido tocadas desde hace años por los dedos de Dios. La Señora LUISA MARÍA quien se ha encargado de mantener la tradición cristiana y de gran devoción por el nacimiento y la Sagrada Familia, también es una mujer de amor y caridad, la primera en recolectar ropas, comida, dinero y todo tipo de donaciones, cuando ocurre alguna calamidad en alguna parte. Siempre está recogiendo para la gente pobre, sobre todo en Navidad.

La Señora MIRIAM quien fue inspirada por una gran revelación y una ulterior conversión se ha dado a la tarea de imponer las manos en los rituales de sanación. Asimismo es quien tiene más contacto con las Hermanas Siervas, y quien tiene también la tarea de hacer peregrinar a la Virgen MARÍA ROSA MÍSTICA y a la Virgen de las ALMAS CONSAGRADAS, imágenes benditas pertenecientes a las religiosas de Carrizales.

Mucho antes de que la Virgen se manifestara con escarcha a la Señora LUISA MARÍA, ya ésta se les había manifestado antes. Primero fue en Cúa, Estado Miranda, en la finca vecina a la Finca BETANIA, donde se dan las apariciones y manifestaciones más sorprendentes del país y donde la Virgen MARÍA ha sido vista por miles de personas que acuden a ese *Lugar Santo*.

La Danza del Sol

Un día nos encontrábamos en una reunión familiar en una finca que «casualmente» es la finca vecina de BETANIA, y justo donde nace el río cuya cascada vierte sus aguas en la gruta de MARÍA MADRE CONCILIADORA de LOS PUEBLOS REINA DE LA PAZ.

Eran aproximadamente las 5:00 P.M. antes de dirigirnos al sitio acordado para nuestra reunión familiar. Pasamos temprano por BETANIA para escuchar la Santa Misa y luego nos fuimos a la finca. En la tarde, cuando nos disponíamos a comer, de repente el cielo se tornó en un hermoso crepúsculo cuyas nubes rodeaban al sol; de pronto vimos cómo el sol se movía o se acercaba más hacia la Tierra. Parecía que se dirigía sobre todos nosotros con su gran tamaño. Inmediatamente fue perdiendo su incandescencia cegadora y formó una gran corona de un brillo espectacular, como diamantes. Giraba en sentido de las agujas del reloj a una gran velocidad; cambiaba majestuosamente de colores, pasando del verde, azul, rojo, fuscia, blanco… Posteriormente el centro del sol se partió en cuatro partes como si se formara una Gran Cruz. Del centro de la cruz emergió un haz suave de luz, que nos trasmitió diferentes sensaciones a cada uno de nosotros.

Al culminar este fenómeno, el sol cambió a un color rosa muy suave, y comenzó a retirarse nuevamente al cielo. Recobró de inmediato su fuerte incandescencia cegadora. Este fenómeno duró aproximadamente quince minutos, en los cuales todos y cada uno de los testigos quedaron en expectativa, de rodillas y sin habla, sintiéndonos un tanto diferentes por breves minutos.

La Nube de Escarcha

Aconteció en un día 13; parece que es el día que la misma Virgen escogió para que la veneren y le hagan oración. En una de las tantas vigilias que se realizan en las casas —en una residencia de Prados del Este— vigilias en la que por lo general se hace oración toda la noche, con una gran variedad de oraciones, cantos, rosarios, misa y rituales de los cuales yo desconozco el significado de la mayoría.

Esta vez ocurrió que después de la misa, y como en todas partes, la mayoría de la gente se retira y quedan pocas personas en actitud de oración y meditación. Fue cuando justamente, ante esas personas, se produjo una manifestación: después de una oración bastante emotiva, por parte de la Señora de la casa, quien agradecía a la Virgen y Jesús por tantas bendiciones, ésta empezó a llenarse —ante la presencia de todos los asistentes creyentes practicantes y no creyentes— de destellos de luz que se veían de lejos. Miles y miles de puntitos de luz titilaban a su alrededor como si estuviera envuelta en una nube de polvo de escarchas. Y, en efecto, de eso se trataba.

La Señora Miria

Ella sin duda es una persona escogida desde lo Alto, una persona envuelta por toda la ternura y bondad de un ser bendecido, con una misión que es la de llevarle esperanza y ayuda espiritual a la gente necesitada, enfermos, personas agobiadas por problemas de diferente índole. Ella llega para darles un poquito de amor que es —por decirlo así— LO QUE REALMENTE MÁS NECESITAMOS EN EL MUNDO. Y así ella ora por ellos y les lleva el Mensaje de la Santísima Virgen, a fin de sanarles el espíritu, darles alegría y esperanzas de vivir.

En fin yo cuando la conocí, en Carrizales, no sabía nada de ella,

aunque pensé en ese entonces que era una de esas personas exhibi-
cionistas que se había colocado un «montón de escarchas» en la cara
para llamar la atención. Por lo tanto creí que era «una falsa» por la
cantidad tan descomunal de escarcha que constantemente brotaban
(y brotan) de su rostro y de la frente, lo cual es *realmente impresionante*. Después que la conoces y hablas con ella, te das cuenta que
no hay nada de falso en esto.

La Neblina y la Escarcha

Sucedió una noche de regreso de Finca de BETANIA, mi amigo GUS-
TAVO acompañaba a su amigo, KINO, quien padecía de cáncer en los
pulmones y había experimentado una gran conversión debido a una
manifestación que tuvo con la ROSA MÍSTICA. Acostumbraba ir a
BETANIA todos los sábados por la tardes.

Sucedió que cuando venían de regreso a Caracas, cerca de la Universidad SIMÓN BOLÍVAR, al enfrentar una curva, súbitamente apareció
un camión enfilándose hacia ellos a toda velocidad. Las luces del camión los encandiló y un solo instante toda la cabina se llenó de luz.
Pero dentro de la cabina *había una extraña neblina* la cual se ilumi-
nó también. Ésta era muy espesa; no se podía ver nada.

Repentinamente todo había pasado ya; el automóvil se había «co-
leado» y el camión siguió de largo y ni se detuvo. El auto se había
apagado, y mientras se recuperaban del momento de susto, GUSTAVO
empezó a percatarse de que dentro del auto había algo distinto: tanto el Sr. KINO, como él mismo y los asientos... todo estaba cubierto
de escarchas por todas partes.

En ese momento el Sr. KINO dijo:

—Nos salvó la Virgen. —Luego agregó:— yo no sé si me iré a
curar de esta enfermedad. Lo que sí te digo es que he salvado mi
alma.

Meses después mi amigo GUSTAVO me informó que el Sr. KINO había muerto con la estampa de la ROSA MÍSTICA en sus manos.

La Rosa Mística de Merlins

Por cosas de la vida, ¡y qué pequeño es el mundo! Como un pa-
ñuelo. MERLINS y yo fuimos grandes amigos, y yo he perdido el contacto con ella, pero mi hermano GREGORI estudia con el hermano de

ella. Ellos mantienen amistad desde cuando eran niños del Colegio. En fin, MERLINS siempre ha sido devota de la Virgen MARÍA, posee dos Imágenes de MARÍA ROSA MÍSTICA: una que está siempre en su casa y a la cual le organiza rosarios todas las semanas; y la otra que es una imagen peregrina. Así que cuando su hermano me contó acerca de las manifestaciones hacia ella, y otras vinculadas con ella, no me extrañó en lo más mínimo.

En esta oportunidad se trata de un sueño durante el cual ella recibió un extraño *mensaje* dado por la Virgen, en donde le pedía que en la oración de un joven deportista venezolano le ofrendaran un ramo de flores *rosas blancas*. Ella comprendió que necesitaba comunicarse con un gran pelotero de «base ball» venezolano de las grandes ligas, quien vive en los Estados Unidos y que se encontraba con un grave problema de salud (signado por una enfermedad incurable). No obstante estaba siendo sometido a minuciosos exámenes y tratamientos de quimioterapia.

Este deportista, respetado y querido por el pueblo venezolano, recibió diferentes expresiones de afecto entre las cuales se realizaron varias noches de vigilia de oración en Iglesias y casas, a fin de solicitar a Dios Su Voluntad, y en lo posible la sanación de este joven deportista.

MERLINS se comunicó con él, su esposa y toda su familia, cosa que al principio fue muy difícil y les contó de la revelación y de las manifestaciones de LA ROSA MÍSTICA aquí en Venezuela.

Resulta ser que a este jugador, durante el tratamiento con las quimioterapias, en reposos en su casa y durante un momento de meditación y oración efectuadas por él, le sucedió algo que cambio su vida. Su esposa e hijos —en oración— pusieron un ramo de *rosas blancas* a la Virgen en su casa Y SIN EXPLICACIÓN LÓGICA POSIBLE TRES ROSAS CAMBIARON DE COLOR TORNÁNDOSE A UN COLOR AMARILLO. A partir de ese momento nuestro deportista comenzó a mejorar y en los exámenes aparecía que los tumores estaban desapareciendo. Los mismos doctores en los Estados Unidos no podían explicarse cómo esto estaba ocurriendo tan rápido. Él ahora es un fervoroso creyente. En la actualidad tiene inclusive una imagen, la cual se la enviaron desde aquí. Hasta la fecha este gran beisbolista venezolano se encuentra bien de salud y todo parece auspiciar que retornará al juego de las grandes ligas.

(NOTA: Testimonio dado por el mismo deportista en rueda de prensa trasmitido por la televisión venezolana. («La Virgen cuida mucho al Gato»).

La Columna de Luz

En una oportunidad regresaba con mi amiga MARINA de una reunión en casa de mi amiga ANA y antes de salir de la urbanización, MARINA empezó a observar algo extraño. Dijo:

—Mira eso—. Respondí:

—No veo nada—. Ella insistió:

—Mira... es una luz, un rayo de luz—. Dijo que veía una columna de luz, como un gran reflector que descendía del cielo hacia un edificio. Dada la insistencia de MARINA, me devolví rumbo hacia el edificio hacia el cual descendía el rayo de luz. De repente dijo: «la Virgen está en algún lugar dentro de ese edificio». Nos marchamos. Un año después me enteré de que en ese mismo edificio vivía mi antigua amiga MERLINS la que tuvo el sueño con la Virgen, y la que por medio de ella se dio el milagro con el Gato G. Ahora ella se ha entregado a la tarea de dar a conocer la Virgen de la ROSA MÍSTICA por todas partes; compra imágenes que posteriormente las lleva a hospitales, hospicios, clínicas e instituciones, y a cuanto lugar haga falta llevar la presencia de Dios a través de la Virgen MARÍA y que todavía no la conocen.

Altar de Escarcha

Sucedió que muere el padre de una de las señoras del grupo de oración y como es tradición fueron hacerle el novenario y las misas a Maracaibo. Una tarde la Señora MARGARITA, hija del señor fallecido, colocó una imagen de la VIRGEN ROSA MÍSTICA en el Altar de la Iglesia. Antes de comenzar la misa del novenario con aprobación del Sacerdote —en plena misa— el Altar de la Iglesia empezó a brillar de modo extraño. Se había llenado de escarcha en presencia de los sacerdotes y de todos los presentes. Los padres de esa iglesia, quienes habían estado indiferentes y renuentes a aceptar lo que sucedía con MARÍA ROSA MÍSTICA terminaron por convencerse de que era una realidad de origen divino.

Reinaldo

Estaba tratando a un paciente que sufría de ataques depresivos y ansiedad. Era un paciente literalmente cautivo de este médico psiquiatra que se había vuelto su amigo por tanto tiempo de tratamiento. Al notar que éste no había vuelto, el médico experimentó preocupación y algo entre el deber y la curiosidad lo indujo a telefonear para saludarlo y saber el porqué de su ausencia a la consulta. Respondió el paciente que la Virgen lo había curado, Y QUE AHORA ERA OTRA PERSONA ALEGRE, SIN ANGUSTIAS, NI MIEDO NI DEPRESIONES. Intrigado REINALDO, en otra oportunidad habló también con su hijo, quien le corroboró lo sucedido con su padre. En fin, lleno de curiosidad fue el psiquiatra a casa de JUAN para ver el supuesto cambio, y notó efectivamente el cambio. Mas cuando éste empezó a contarle lo de la ROSA MÍSTICA y las escarchas, REINALDO, el médico psiquiatra pensó: «Este está peor; se trastorno».

Reinaldo se retiró. YA EN SU CASA, AL LAVARSE LA CARA Y VERSE AL ESPEJO, SE VIO EL ROSTRO COMO PINTADO. ESTABA CUBIERTO DE ESCARCHA NO SÓLO EN LA CARA SINO EN TODO SU CUERPO. «¿Cómo es esto posible?» —se decía— «Me la pudieron echar en la cara pero, ¿y por dentro de la ropa? Esto no puede ser». Entró en crisis. Empezó a llorar arrepentido y ahora es un fervoroso creyente.

Coro de Ángeles

A la Señora ZORAIDA le tocaba el turno, según el listado de visitas de la ROSA MÍSTICA, y se la llevo a su casa, hizo todos los preparativos relativos a los rituales de visitas, pero tuvo que ausentarse para hacer unas compras, quedando su madre a cargo de atender a las personas que llegarían para rezar los rosarios. Pasadas unas horas, la Señora ZORAIDA estaba de regreso a su casa y cuando ya iba a llegar empezó a oír que en su casa estaban rezando el rosario; escuchaba a una gran cantidad de personas, pues se notaba aún de lejos que había una gran cantidad de voces que seguían el rosario. La sorpresa —al entrar a su casa— fue que cuando abrió la puerta sólo estaban su madre y su tía en oración y nadie más. *Eran las únicas que estaban rezando el rosario.* Entonces, ¿de quiénes eran las otras voces que contestaban el coro del rosario?

La Estampa Sangra

INGRIT al ver que ERLINDA ha cambiado y ya no sale tanto con ella porque se halla entregada a la ROSA MÍSTICA, celosa de la Virgen y sin creer en ella, se acercó en una oportunidad a un rosario, pero con una actitud renuente a todo lo que significaba la ROSA MÍSTICA. En esa oportunidad, tomó una estampa de la Virgen para ver qué decía, y empezó a leerla de forma burlesca e irónica. Al oírla, ERLINDA se le acercó para reclamarle su irrespetuosa actitud. ERLINDA se detuvo y preguntó:

—¿Qué haces, qué tienes, por qué tienes las manos pintadas de rojo?—. INGRIT no se había percatado que su mano estaba manchada de rojo, *como si saliera sangre por sus dedos. La estampa por debajo estaba manchada de rojo y luego toda la estampa, inclusive su ropa.* INGRIT entró en crisis y empezó a llorar. Fueron enseguida a buscar al sacerdote de la iglesia vecina. Vino, tomó la estampa y se la llevó. Supuestamente la estampa está siendo examinada por las autoridades de la iglesia e INGRIT es ahora una conversa.

Levitación Carismática

RICARDO acompañó a CARMEN TERESA a una misa carismática de sanación y de liberación que estaban oficiando, porque CARMEN TERESA estaba pasando por grandes apuros familiares y tenía necesidad de ir a esa misa. La misa transcurrió como todas las misas normales carismáticas y RICARDO que no es un gran creyente contó que en un momento de solicitud de peticiones, en el momento de imposición de manos, los vecinos tanto de la izquierda como los de la derecha en los escaños de la Iglesia, empezaron a ponerse las manos en los hombros los uno a los otros comenzando por el lado derecho. En ese momento el sacerdote empezó como a *cantar en lenguas* y los demás feligreses los acompañaban. RICARDO ante esto cerró los ojos, como para incorporarse con ellos en esa oración. De repente, empezó a imaginarse un enorme ángel con las alas desplegadas en cruz, suspendido en el techo de la capilla. En ese momento, la señora que estaba detrás de él con sus manos sobre el hombro de RICARDO *comenzó a recitar algo también en lenguas* y él también, en ese instante, cuando tenía sus manos apoyadas en los hombros de una señora que estaba a su derecha, dijo: *de repente empecé como a elevarme, a levitar; sentía que estaba flotando en el espacio y sentía una gran paz y de repente me vi rodeado de ángeles y una voz suave de mujer empezó a hablar en una lengua que desconocía, y cuando abrí los ojos todo ya había pasado»* como cinco minutos antes, el tiempo se había detenido, se había liberado y sus preocupaciones ya no estaban tan fuertes, y ahora es un hombre distinto.

El Cuadro de la Guadalupe

La Señora NIDIA llega a casa de la Señora MARY porque se enteró de que estaba la ROSA MÍSTICA en su casa y ella tenía una gran necesidad por un hijo que se halla enfermo y quería que le llevaran la ROSA MÍSTICA, de manera que la pudiera ver el hijo quien se hallaba en cama y no podía salir de su casa. Mientras ella estuvo solicitando la Virgen, en uno de los rosarios, la Señora NIDIA se presentó con un cuadro de la VIRGEN DE GUADALUPE que había pintado su hijo; un cuadro en realidad muy lindo; ella llegó y lo puso en el suelo cerca del altar donde se estaba la ROSA MÍSTICA y estuvo allí un día entero. Sin embargo, el hijo de la Señora MARY al ver que era un hermoso cuadro y como estaba en el suelo, colocó el cuadro de la Virgen de GUADALUPE en la pared.

Pasado un tiempo, empezó *un gran olor a rosas* por toda la casa, sobre todo en el salón donde se hallaba la ROSA MÍSTICA y el cuadro. Lo curioso de esto es que de todas las flores que se encontraban en el salón y que no eran muchas, sino unos cuantos lirios, orquídeas y nardos, *no había ni una sola rosa.* Entonces, ¿de dónde salía ese olor a rosas? Aparentemente emanaba del cuadro de la GUADALUPE, y lo más sorprendente fue que cuando retiraron el cuadro también se fue el olor a rosas que impregnaba la casa de la Señora MARY. Se dice que todavía en casa de la Señora NIDIA se siente en ocasiones *el extraño olor de rosas que parece salir del cuadro de la Guadalupe.*

Milagro de mi Amigo Rendo

A RENDO quien vive en el interior del país, se le presentó una hemorragia, pero a los médicos se les hizo muy difícil encontrarla. No podían dar con la fuente que originaba la hemorragia y se pensaba que era una úlcera sangrante, pero en realidad fue la ruptura de unas vísceras, y empezó a desangrarse e infectarse, originándose una gran gravedad hasta cuando fue intervenido de urgencia.

Pero esto no quedó allí. Se estaba muriendo después de la intervención, recuperándose muy lentamente. El tratamiento posterior le produjo un rechazo hemolítico —y una anemia hemolítica— que iba a ser fatal. Mi amiga ARY fue a verlo en una oportunidad y le obsequió una estampita de la Virgen; le dijo que rezaría por él y esto fue así.

Lo curioso es que a las horas en que se rezaba por él en Caracas, se llenaba de escarchas su casa del interior. Esto fue muy difícil; tardó mucho tiempo en recuperarse. Y mientras esto acontecía nacía un nuevo hombre, más humano, más reflexivo. El acercarse a la muerte lo había hecho crecer y reflexionar sobre la importancia de la vida, el hogar, la familia, el amor, los amigos, el desprenderse de lo material y del orgullo para hacerse más humilde y poder acercarse a lo que en verdad es Poderoso, que es Dios, y ver que el hombre no es nada ante El. Gracias, Madre.

El Milagro en Coro

Sucedió que una estampa de la ROSA MÍSTICA fue llevada a la ciudad de Coro, Estado Falcón, por una profesora de la Universidad, quien la entrega a una de sus alumnas. Ésta angustiosamente le había contado un problema que tenía con su hijo menor de siete años, el cual no podía hablar. La profesora le dio la estampa y le dijo que le pidiera con fe y le rezara para que le hiciera el milagro. Al cabo de un mes, la alumna llamó a la profesora a Caracas para contarle que el niño mientras jugaba con su hermanita, mientras un conejito —que tenía en sus brazos— de un brinco escapó y salió saltando hacia la calle. Como consecuencia de esto, el niño empezó a gritar y a *pronunciar palabras* como si antes hubiera hablado. Al escuchar la madre que el niño estaba hablando, se acercó y notó *que ambos niños presentaban escarcha en sus manos*. Se había realizado el milagro.

La Bendición de la Limosna

Resultó que una de la Imágenes de la Virgen peregrinaba y muchas personas colocaban una donación pequeña que se conoce como «limosna», que sería destinada para una comunidad social, dirigida por un sacerdote católico en el interior del país, quien cuida de niños, mujeres y adolescentes abandonados y maltratados.

En una visita que la Virgen realizó, el niño de la casa —de apenas cuatro años— ofreció su alcancía y sus pequeños ahorros y le dijo a su padre: «Papi esto es para los niñitos que no tienen nada».

Un día contando la limosna recabada para tal fin, la Señora MARY dijo: «¡No es mucho pero es algo!» Y un amigo sacerdote que la visitaba repuso: «puede ser que eso alcance para tres potes de leche». De pronto, abrimos la alcancía. Ésta contenía muchas monedas y billetes de cinco bolívares. Con igual prontitud, observamos como un suave e intenso brillo cubría los billetes y éstos —todos sin excepción— se cubrieron de escarcha dorada.

Transcurrido un mes, el sacerdote católico de la Comunidad Social, sin explicación alguna oficiaba una misa en Caracas, donde se encontraba la Imagen de la Virgen, en la cual a su vez se recogía la limosna para su Obra Social. El Sacerdote exclamó: «¡La Virgen bendijo la Limosna de mis niños!»

Fran y los Saturno

Hay una fotocopia que da vueltas en el país, al igual que la Imagen Peregrina, y consiste en este testimonio dando gracias a la Santísima Virgen MARÍA ROSA MÍSTICA Madre de Dios y Madre Nuestra, fechado en Caracas, 21 de abril de 1999.

Este es el contenido:

1) GRACIAS LE DOY A LA SANTÍSIMA VIRGEN ROSA MÍSTICA POR EL PRIVILEGIO DE VISITARNOS EN ESTE HOGAR; LA VERDAD QUE FUE UN MILAGRO DE DIOS Y DE ELLA MISMA.

2) GRACIAS A LAS SEÑORAS: MIRIAM R. Y MIRIAM M., QUE FUERON LAS ESCOGIDAS POR LA SANTÍSIMA VIRGEN ROSA MÍSTICA MADRE DE DIOS Y MADRE NUESTRA, PARA LLEGAR AL HOGAR; LE PEDIMOS A DIOS NUESTRO PADRE Y A SU SANTÍSIMA MADRE QUE LAS ACOMPAÑE HOY MAÑANA Y SIEMPRE EN SUS HOGARES Y A TODOS SUS FAMILIARES Y SERES QUERIDOS.

3) GRACIAS A LA VIRGENCITA ROSA MÍSTICA POR TAN BELLA MANIFESTACIÓN QUE HUBO EN ESTE HOGAR: A) EL DÍA 16 DE ABRIL NOS LA ENTREGAN A LAS 5:30 P.M. SU LLEGADA AL HOGAR FUE MUY MARAVILLOSA. B) A LAS 9:00 P.M. APROXIMADAMENTE, ELLA SE MANIFESTÓ LLORANDO POR SU OJITO IZQUIERDO; LUEGO EN LA MADRUGADA DEL SÁBADO ELLA SE MANIFESTÓ EN LA

SALA CON UN BRILLANTE RAYO DE LUZ... AQUELLO FUE MUY LINDO, «GRACIAS A DIOS» ESE MISMO SÁBADO EN HORAS DE LA TARDE ELLA SE MANIFIESTA CON ESCARCHA; EN SU CABELLO ERA MUY POCA, PERO TENIA SU ESCARCHA; AL LLEGAR EL ATARDECER ELLA LLORABA POR SUS DOS OJITOS Y ASÍ PERMANECIÓ HASTA EL DÍA MARTES 20 DE ABRIL DE 1999. A ESTE HOGAR LLEGA GENTE QUE YA LA CONOCÍA O DE REPENTE LA ESTABAN RECIÉN CONOCIENDO; LO PRIMERO QUE NOS PREGUNTABAN ERA CÓMO ELLA HABÍA LLEGADO AL HOGAR Y SE LES CONTABA LA HISTORIA Y DECÍAN QUE GRACIAS A DIOS Y GRACIAS A ELLA, NOS DEJABAN SIEMPRE ESTE MENSAJE: «QUE DIOS Y LA SANTÍSIMA VIRGEN NOS ESTABAN HACIENDO EL MILAGRO DE SALVAR Y SANAR A J. SATURNO».

J.V. TAMBIÉN VIO SUS LÁGRIMAS Y SU ESCARCHA Y ÉL CON SUS DOLORES Y SU ENFERMEDAD SE SENTÍA MUY CONTENTO DE HABER SIDO ELEGIDO POR DIOS Y LA SANTÍSIMA VIRGEN DE HABER VISITADO ESTE HOGAR.

YO FRAN SÉ QUE DIOS Y SU SANTÍSIMA MADRE MARÍA ROSA MÍSTICA NOS REALIZARÁN ESE MILAGRO QUE TANTO PEDIMOS FAMILIARES, AMISTADES Y AMIGOS Y DE NUEVO LE DOY LAS GRACIAS A LA VIRGENCITA ROSA MÍSTICA POR DARNOS UNA OPORTUNIDAD EN NUESTROS CORAZONES Y NUESTRA MENTE, YA QUE ELLA, COMO NUESTRO PADRE NOS PERDONA HOY, MAÑANA Y SIEMPRE. EL MENSAJE QUE ELLA NOS DA TODOS LOS DÍAS DE NUESTRA VIDA ES: «QUE NOS AMEMOS TODOS COMO NOS AMA DIOS».

4) YO FUI CRIADA EN UN HOGAR MUY CATÓLICO Y MI MADRE SIEMPRE NOS ENSEÑÓ A TENER FE EN DIOS Y EN SU SANTÍSIMA MADRE. DESDE NIÑA SIEMPRE FUI Y LO SOY TODAVÍA MUY DEVOTA DE LA SANTÍSIMA VIRGEN, Y ESPERO QUE DESDE ESTE INSTANTE EN QUE ELLA VUELVE A ESTAR AUN MÁS EN MI CORAZÓN ME LLENE TODOS LOS DÍAS DE MI VIDA CON SU AMOR Y SU PERDÓN, PARA ASÍ PODER AYUDAR AL PRÓJIMO, Y TODA PERSONA QUE NECESITE. «DE NUEVO LE DOY LAS GRACIAS A LA SANTÍSIMA VIRGEN». PIDO A DIOS QUE A DONDE LLEGUE LA VIRGEN ROSA MÍSTICA, MADRE DE DIOS Y MADRE NUESTRA SEA BIEN RECIBIDA CON ORACIÓN Y ASÍ COMO ELLA ENTRÓ EN EL CORAZÓN, LO HAGA IGUAL EN TODOS LOS HOGARES DEL MUNDO Y ELLA LES DÉ BENDICIONES A SUS HOGARES Y A SUS CORAZONES.

GRACIAS DE NUEVO SANTÍSIMA VIRGEN POR EL MILAGRO QUE NOS HICISTE EN ESTE HOGAR Y EN LOS CORAZONES DE ESTA FAMILIA.

PIDO QUE ESTAS MARAVILLOSAS PERSONAS QUE NOS FACILITARON A LA SANTÍSIMA VIRGEN, LA SIGAN LLEVANDO A TODOS LOS HOGARES DE VENEZUELA Y DE TODO EL MUNDO PARA QUE ASÍ LA SANTÍSIMA VIRGEN SE SIGA MANIFESTANDO EN TODOS LOS HOGARES, EN ESPECIAL EN NUESTROS CORAZONES, Y TENGAMOS TODOS LOS DÍAS DE NUESTRA VIDA MÁS FE PARA TODO, Y LE DOY GRACIAS

A DIOS, NUESTRO PADRE, POR ESE DON QUE NOS DIO Y NOS OBSEQUIÓ EN ESTE HOGAR. Y QUE LA PAZ DEL MUNDO REINE HOY, MAÑANA Y SIEMPRE EN TODOS LOS CORAZONES. AMÉN. FIRMARON (FIRMAS ILEGIBLES): SEIS PERSONAS.

Así como esta carta dando gracias, he recopilado cientos de cartas de gracias, testimonios de fe, peticiones, oraciones y mensajes de ángeles y de la Virgen.

Rosa Mística, que no me Maten

ROSINA llegaba del trabajo y cuando iba a sacar la tarjeta para abrir la puerta electrónica del estacionamiento del edificio donde vive, apareció un hombre armado. Al ver al hombre y sus intenciones tomó las llaves del carro y le dijo que se lo llevara, pero que no le hiciera daño a ella. Aún así, el hombre dijo: «Tú también vienes con nosotros».

Enseguida la empujó para el centro y otro hombre se montó por el lado derecho. Este último comenzó a golpearla y a quitarle la blusa, pues las intenciones de los hampones no eran sólo robar el carro. En ese instante ROSINA invocó a la ROSA MÍSTICA con tal fuerza que el hombre que conducía se turbó y quedó como paralizado. No sabía qué hacer. Ella, al percatarse de que el hombre no reaccionaba, empezó a golpear a los hombres en el carro, saltó a la parte de atrás, abrió una puerta y salió corriendo. El sujeto que estaba atrás salió para atraparla; ella corrió hacia un árbol gritando y pidiendo ayuda. Se abrazó al árbol con todas sus fuerzas, aunque los hombres trataban de arrastrarla hasta el carro. Ella volvió a invocar a la ROSA MÍSTICA y empezaron a encenderse las luces de los apartamentos. Los vecinos empezaron a gritar pidiendo ayuda y protección para ella. Los hombres, al ver que pasaba el tiempo y no podían arrancar del árbol a ROSINA, decidieron abandonar sus intenciones y marcharse.

Por Favor, no Operen a Mamá

La Señora BERTA —quien tiene 70 años y se había lesionado las piernas como consecuencia de una caída— fue llevada a una clínica para que la examinaran. En las radiografías que le tomaron apareció que tenía una fractura en el fémur era necesario la intervención quirúrgica para evitar infecciones severas por ser diabética. En fin, iba a ser operada, y una de sus hijas se puso a rezar y a pedirle a la ROSA MÍSTICA que le hiciere el milagro de curar a su mamá.

Cuando estaba rezando con ese fervor *se vio las manos cubiertas de escarcha.* Mientras dormía soñó que la Virgen le decía *que su madre estaba curada y que sus piernas tendrían escarchas,* por lo que no la operarían. Al despertar salió corriendo a la clínica a contarle a sus hermanas lo que había sucedido. Cuando llegó trasladaban a su madre al pabellón donde la iban a intervenir; detuvo la camilla insistiendo en que no operaran a su mamá porque ella estaba bien; *y en un arrebato de confianza levantó la sábana que le cubría las piernas y encontró que no sólo estaban bien, sino que estaban cubiertas de escarchas.* Una posterior radiografía reveló que efectivamente no había fractura alguna y que la Señora BERTA estaba curada. Los médicos presentes no se explican que fue lo que sucedió.

El Poder de la Oración

Una noche un grupo de señoras se reunió en una casa de El Paraíso, Caracas para rezar un Rosario, un día trece, el día que la Virgen ROSA MÍSTICA escogió para que se lo dedicaran. Durante todo el día se rezó y en la noche, durante el Rosario Mariano, que es rezado conjuntamente con cantos entre cada misterio, se realizan peticiones, se dan testimonios, etc.

Esta vez ocurrió que cuando se estaba rezando en la parte más emotiva, el lugar empezó a sonar de una forma muy extraña, como si se estuviese rompiendo algo. Al mismo tiempo las señoras se dieron cuenta de que el ruido provenía del suelo; éste crujía y comenzaba a agrietarse hasta que de un gran golpe se quebró por todas partes; las baldosas de cerámica saltaron por todo el lugar. Las señoras en ningún momento dejaron de rezar hasta que todo quedó en silencio. Después me enteré de que lo sucedido: era una *liberación* de ese hogar, y que con la fuerza de la oración se había liberado esa casa de fuerzas negativas que hasta esa noche habían imperado en ese sitio. De igual forma, durante una misa en una casa en la Urbanización Miranda, a la llegada del sacerdote, se empezaron a oír ruidos como de animales, como de aves, gatos, ratas; se movían las hojas de los árboles y las ramas y no había ni una ráfaga de viento. Esto transcurrió durante toda la misa y el sacerdote, al percatarse de lo sucedido, empezó a realizar una fuerte oración, que algunos denominan «exorcismo», hasta cuando todos los ruidos cesaron y el mal ya no habitaba más en ese lugar.

Yo no creo

A la Señora LAURA la invitaron a un rosario con motivo de que se encontraba de peregrinación la ROSA MÍSTICA en casa de la Señora TERE, pero desde un primer momento esta Señora LAURA demostraba abiertamente su incomodidad. Se quejaba por todo y cuando hablaba mantenía un talante bastante fuerte y agresivo con respecto a todo lo que estaba sucediendo en la casa. TERE no entendía por qué si Laura estaba tan desagradada, no se retiraba a su casa. Después del rezo se acercaron un par de niñas, que estaban enseñando a su mamá *las manos cubiertas de escarchas*. Ante lo sucedido, *todas las señoras empezaron a ver las escarchas que aparecían por todas partes* y la Señora LAURA que no creía se expreso así: «¡Déjense, por favor, de esas ridiculeces! No sean tan ridículas, que ya están bastante viejitas». La Señora TERE que la tenía enfrente, molesta por su conducta irrespetuosa, inclusive con personas que no había visto nunca, le miró a la cara. Se apercibe de algo y llama a una de sus hijas y le dice: «Mi hija tráele por favor a LAURA un espejo para que vea lo ridícula que tiene la cara». La niña enseguida trajo el espejo y se lo dio a LAURA. Entonces se vio en el espejo: *tenía el rostro cubierto de escarchas, y también las manos*, Laura se estremeció por el impacto que tuvo al verse y entró en una crisis y no detenía su llanto ante lo que había sucedido.

Me Visitó La Virgen

Era sábado por la noche. SOFI venía de una fiesta de El Cafetal cuando su novio chocó el auto en que estaban. Se bajaron para ver que le había sucedido al carro. De improviso apareció un auto a toda velocidad que se precipitó sobre SOFI haciéndola volar por encima del carro como a cuatro metros de altura. Una pareja que vio el accidente se detuvo para ayudar a la muchacha que estaba bañada de sangre. Al notar que no podían detener la hemorragia que tenía en un brazo, decidieron no esperar la ambulancia, ni paramédicos, ni a nadie. La cargaron y junto con su novio la llevaron a una clínica de la localidad. En la clínica fue intervenida por los traumatismos sufridos.

Después de la intervención la joven quedó en estado de coma. El horror y el dolor invadieron a la familia que quedaron sumergidos en la desesperación; una prima de Sofi, Lucía —dos días después— se acordó de la Señora Mary y de la ROSA MÍSTICA. La llamó y le pidió que por favor se la prestaran para llevarla a la clínica (a la sala de Terapia Intensiva) donde se encontraba Sofi.

Así la ROSA MÍSTICA llega a la clínica. Un día después Sofi se despierta, y cuenta a su madre que la Virgen había estado con ella, y la madre asentó diciendo: «Sí, yo te la traje un rato». Pero Sofi dijo: «No me refiero a la imagen de la Señora Mary; me refiero a la verdadera Virgen María. *Ella estuvo aquí conmigo; me acaricio la espalda y el brazo; estuvo aquí en persona*».

El Caso de Brandi

La Señora Leonor es una mujer muy llena de Dios; un día especial la Virgen le regaló el privilegio de verla junto con su esposo y su hijo en Betania. Ella, muy devota de la ROSA MÍSTICA había estado asistiendo a unos rosarios para pedir unos favores por unos familiares enfermos. El caso es que un día Brandi, un perro pastor alemán, se enfermó y no comió, ni bebió más agua. Por ser el perro uno más de la familia y al ver que éste estaba cada vez más débil sin poder beber ni agua, la Señora Leonor decidió llevarlo al veterinario. El médico le dijo que el perro tenía algo congénito que no le permitía abrir sus fauces, por lo que no podría volver a abrir su boca para comer; moriría de hambre y sed. No se podía hacer nada por él, por lo que sugirió dormirlo, sacrificarlo.

La Señora Leonor decidió llevarlo a la casa, pues no se atrevió a sacrificar el perro sin el consenso familiar. Al llegar a casa se puso a rezar y a pedirle a la ROSA MÍSTICA que tuviera misericordia del pobre perrito para que no sufriera mucho porque él también era una criatura de Dios. Al cabo de un tiempo se percataron de que el lomo del perro estaba escarchado y la Señora Leonor dijo: «se va aliviar». Y fue así; el perro poco a poco empezó a tomar agua y suero; empezó a comer. Y el perro se recuperó por completo.

El Sueño de las Cuatro Vírgenes

Se encontraba la Señora Mirian, en la ciudad de Puerto Cabello, Estado Carabobo en la casa de su abuela fallecida. En esos días tuvo un sueño con su abuela que estaba a su lado. Eran las 8:30 P.M. cuando empezó a amanecer en forma de crepúsculo. Como no era la hora del amanecer, la gente se asustaba impresionada:

«Yo entendí que era la Virgen que venía y dije: <no se asusten que es la Madre que viene, vamos a orar... Levanté mi cara hacia al oeste del cielo y estaba allí, imponente la Virgen Santísima salía de una gran gruta adornada de rosas diminutas en el cielo, vestía una túnica azul turquesa bordada de rosas en sus orillas, la Virgen abrió sus manos y dijo: «Hijitos míos, límpiense, organicen y ordenen» y al decirme esas palabras giré mi cara hacia el sur y estaba la Virgen en su Advocación de la Virgen del Rosario. Y hacia el Este, la imagen de la Virgen en su Advocación de la María de Betania, y al Centro se encontraba la misma sentada en un banco en su Advocación de MARÍA ROSA MÍSTICA. Posterior a este maravilloso sueño, me desperté. Con el tiempo, dos semanas después, fui invitada a un Rosario. Alguien me solicita la Imagen de la ROSA MÍSTICA y al llegar al sitio, lo primero que me dicen al recibirme es: Yo soy de Puerto Cabello. Colocaron entonces la Imagen en la mesa y, al momento, llegó otra persona invitada a la oración, y colocó al lado de la imagen otra imagen de la Virgen en la Advocación del Inmaculado Corazón de María; y asimismo otra persona colocó otra imagen de la Advocación de la Milagrosa y de la Inmaculada Concepción. Proseguimos el rosario, y sin percatarme de lo que sucedía, una amiga compañera de oración me hizo ver la relación de las cuatro Vírgenes en el altar, cosa que me produjo gran impresión. De repente, en la oración, sentí la necesidad sin saber por qué de decir a la Señora de Puerto cabello: *Ustedes tienen que Orar, perdonarse unos a los otros. Organícense en la oración y ordénense en la comunión.*» Para esa señora este era el mensaje del sueño.

Los Escapularios de la Virgen

Una noche se le apareció la Virgen María a la Señora Miriam durante un sueño; en el mismo le pidió oración porque había muchos ángeles muertos. La Virgen extendió su mano y le dio una especie de campanilla, la cual se abrió y de esta salió una especie de escapulario, la cual tenía una medalla por un extremo y un pez en forma de triángulo por el otro extremo del cordón. En el sueño la misma Virgen se lo impuso. Ella, después que se despertó, se sintió consternada, pues sentía que no había sido un sueño. Empezó a buscar el escapulario por toda la cama y aún tenía la mano cerrada, pues juraba que lo tenía en la mano, pero sólo había sido un sueño y nada más. A la mañana siguiente, su gran amiga y compañera de oración la Señora BETTY —quien posee como un tesoro una extraña piedra que una vez se partió en dos y desde dentro de la piedra apareció la figura de la Virgen MARÍA— le dijo: «HOY VAN A IMPONER LOS ESCAPULARIOS DE LA VIRGEN DEL CARMEN EN LA IGLESIA DEL HATILLO». La Señora MIRIAM, al escuchar esto, se dio cuenta de que el sueño era un mensaje premonitorio y que debía asistir a la misa para que le impusieran los escapularios. Y cuando llegó a la Iglesia, un señor se le acercó y le ofreció unos escapularios que estaba vendiendo. Ella compró para ella y para su familia. Una hora después el sacerdote le imponía y bendecía los escapularios que había comprado.

Pero no deja de ser cierto que la propia Virgen María se los impuso durante el sueño.

Los Ángeles de la Montaña

Sucedió en el Cerro del ÁVILA. Mi amigo FRANCISCO decidió ir de paseo junto con su esposa y sus dos adolescentes hijas, una de trece y una de quince años, consecutivamente subiendo por Macuto, Estado Vargas, pues habían estado en la playa. Cuando decidieron regresar a Caracas a través de la montaña, estuvieron en el Museo de las Piedras Marinas y compartieron un rato muy agradable con Zo, el místico de la montaña. Y allí una de las niñas, LAURA, empezó a sentir que la miraban, y veía sombras por todas partes y cuando volteaba a ver no había nadie. Sucedió varias veces hasta que no aguantó más y se lo dijo a su hermana Sofía: «siento que nos están mirando». SOFÍA le hace ver que es a causa de lo mágico del lugar, el cual es un verdadero Santuario de Paz; pero a pesar del lugar, LAURA se llenó de miedo. Ya era bastante tarde para proseguir el camino a Galipán y luego a Caracas y ante la insistencia de LAURA decidieron irse vía a GALIPÁN. El camino era bastante malo; no estaba pavimentado. Era época de lluvia, había muchas quebradas, mucho barro y humedad, y es muy peligroso para el que no está acostumbrado a viajar en rústico por la montañas. En fin, pasó lo esperado sobre todo para aquellos que no son expertos «baqueanos», como se dice en argot popular. El vehículo, a pesar de ser nuevo y todo terreno, se volteó; no tenían puesto los cinturones de seguridad porque iban despacio, por lo que todos se golpearon dentro del vehículo. VERÓNICA, la madre, se dio un fuerte golpe en el cuello y no lo podía mover; SOFÍA se había roto un brazo. Y luego el terror de que no había nadie cerca por los alrededores. Todo estaba en tinieblas y la neblina helaba la noche. Eran ya las 8:00 P.M. y LAURA y FRANCISCO no sabían qué hacer. FRANCISCO decidió ir a buscar ayuda y LAURA quedó a cargo. Dos horas más tarde el gran terror: aparecieron siete hombres en la oscuridad —todos de mal aspecto— con caras de hampones; dos de ellos con machete en las manos se acercaban a la señora y a las niñas como amenazantes. Ellas quisieron huir, pero como estaba la madre en el suelo, se arrodillaron a orar y a pedirle a la ROSA MÍSTICA protección. Entonces la sorpresa. Eran buenas personas que corrieron a socorrerlas; enderezaron el rústico, aseguraron el cuello y la cabeza de la señora con gran cuidado, entablillaron el brazo a SOFÍA, y tres siguieron rumbo a Galipán a buscar a FRANCISCO, a quien hallaron solo y medio perdido. Después del encuentro llegaron a un puesto de Guardabosques Nacionales, quienes se hicieron cargo de la situación; dos de los señores resultaron socorristas. Se quedaron en el puesto del Guardabosques y otro siguió con ellos hasta una capilla que estaba en la ruta. LAURA se bajó del rústico por unos segundos y se dirigió a la capilla, y al ver dentro se estremeció y sintió un gran alivio. En la capilla estaba la imagen de la ROSA MÍSTICA. Luego siguieron rumbo a Caracas. Había que trasladar a la señora VERÓNICA a un hospital. Tiempo después, FRANCISCO y LAURA fueron de nuevo a Galipán para buscar a los señores que salvaron su vida para darles las gracias pero ni la guardia, ni la gente alrededor de la capilla, ni nadie por allí sabían o conocían a los señores que habían ayudado. Sólo estaba la Virgen dentro de la capilla; pero lo que había sorprendido a LAURA desde un principio fue que estando allá arriba uno de los señores había llamado a otro URIEL, y éste es el nombre de un ángel que no es muy conocido. Y LAURA le dijo a su padre: «no vamos a encontrar a esos señores porque ellos son ángeles que fueron a ayudarnos».

La Rosa Mística Acompañada de Ángeles

NEREIDA murió hace poco de un cáncer que la acompañó unos cuantos años y hasta el último día, su pensamiento fue hacia la Virgen María; su preocupación más grande era quien se iba a hacerse cargo de la peregrinación de su imagen de la ROSA MÍSTICA, pues era su dedicación a esta labor, desde que tuvo una manifestación de escarcha, en un sueño, en la cual la Virgen estaba acompañada de Siete ángeles llenos todos de luz, y la Virgen ROSA MÍSTICA le decía: «Tú te vienes con nosotros; no pidas más por quedarte en la Tierra porque no va a ser así y no temas porque yo voy a estar siempre contigo». Extendió su mano y le dio una rosa violeta llena de luz y, cuando la tomó, todo su cuerpo se llenó de escarcha. NEREIDA al despertar *se dio cuenta de que estaba cubierta de escarchas* y dijo para sí: «No fue un sueño». A partir de ese momento siempre la acompañó un ángel distinto cada día; soñaba con ellos y despierta los veía y los oía; le daban mensajes; los escribía narrando y describiendo el paraíso de luz que veía en sus sueños y ya no volvió a hablar de su enfermedad y no le importaba morir, sino quién se iba a encargar de su Virgen.

Pero una sobrina tomó su puesto para la peregrinación de la ROSA MÍSTICA. No volvió a ver nunca más a la Virgen ni siquiera en sueños. Hasta el día de su muerte, cuando agonizaba. Se llenó de alegría, sonrío y dijo: «No tengo dolores, ella está conmigo». Y murió.

Apariciones Curiosas

En la Ciudad de La Guaira se reunieron tres médicos a orar frente a una mesa; al parecer éstos eran masones o pertenecientes a unas de estas órdenes religiosas herméticas; uno era de Catia la Mar; los otros europeos: uno venía de España, el otro de Italia. Ellos oraban y de repente empezó a materializarse como en un humo, la figura de una señora, al parecer la Virgen María, suspendida sobre la mesa, para dejarles un mensaje, pero no se pudo obtener información de estos personajes ni del mensaje dejado a ellos por esta señora. Esto fue grabado en secreto desde una ventana con una cámara filmadora de videos. El video también está dando vuelta por el país como un testimonio vivo de esta aparición.

También me contaron amigos muy serios y respetables que en un círculo de oración se materializó un cáliz y que el mismo se encuentra en una casa en la Urbanización Macaracuay.

Dos extrañas manifestaciones se han dado en Alto Prado:

Una en una pared empezó a aparecer una mancha, después de una visita de la Peregrina ROSA MÍSTICA a una familia de esa zona y aún se encuentra; se puede ver la imagen de una Virgen con toda claridad a pesar de que es una mancha de humedad.

Otra aparición también en Alto Prado al parecer fue en un muro de piedra donde una mancha húmeda, adoptó la forma de una Virgen arrodillada de perfil y con las manos levantadas en plegaria.

En Barquisimeto —en una columna de una Iglesia— también se ha estado formando otra mancha de humedad y también parece ser la imagen de la Virgen de COROMOTO.

Mi amiga BETI posee una piedra que cuando se partió apareció la imagen de la Virgen MARÍA.

En la Ciudad de Valencia, una amiga, abogado, investiga celosamente los «fenómenos paranormales» de las manifestaciones de la Virgen y ésta tiene registros de diferentes fotografías, donde aparece la cara de la imagen de diferentes formas.

Manifestación de la Virgen del Valle, isla de Margarita, Venezuela

En la Isla de Margarita, una señora pintó un cuadro de la Virgen hace algún tiempo y al parecer la imagen del cuadro *llora lágrimas de sangre* y muchas personas han sido testigos de lo sucedido. También se dice que ha sido examinado por el clero y científicos. Al parecer se han recibidos mensajes dados por la Virgen en varias localidades de la isla.

Las manifestaciones se están dando en todos los rincones del país de distintas formas.

El Significado de las Flores

Desde la Antigüedad, la Primavera es el renacer de la tierra, los paisajes se llenan de luz, la tierra empieza a calentarse y una explosión de vida, alegría y amor llena todos los lugares; los campos se llenan de flores y los olores de las mismas lo inundan todo; de allí que abril y mayo sean los meses de las flores, el mes de la Virgen y de la Cruz de Mayo. En nuestro país la cubrimos de flores y de luces para venerarla, y cantarle en Acción de Gracias. La Cruz, símbolo de la Cristiandad, símbolo de la libertad, de las ataduras en la tierra, símbolo de la Redención de nuestro Señor Jesucristo. Y así como la Cruz, la rosa es símbolo de la Virgen, la rosa es flor del amor, de los enamorados, de los que aman, de allí que se consideran desde la Antigüedad a los cinco pétalos de las rosas silvestres como la buena estrella y era además considerada el símbolo de la unión entre el hombre y la mujer, el matrimonio, igual que el símbolo entre la felicidad y la esperanza. También se consideró para los senadores romanos —de alta posición social y altos dignatarios— la rosa roja como el símbolo de los mártires.

Para DANTE el cielo era como una inmensa rosa rodeada de ángeles y santos que volaban alrededor de ella; también ha sido símbolo para Órdenes Religiosas y Caballerescas como la Rosa de la Llama Violeta o los Rosacruces; y ahora significa —en otra connotación filosófica— Oración, Sacrificio y Penitencia, que son las tres rosas que lleva en su pecho MARÍA ROSA MÍSTICA, Madre de la Iglesia. Y así como la rosa concentra sus pétalos alrededor de la estrella dorada, así la Virgen Santísima lleva la rosa a los necesitados y les da esperanza y alivio a sus almas y se concentra alrededor de su Hijo JESUCRISTO, que con su perfume quiere atraer a todos a la verdad de Dios.

Las Promesas Consoladoras de la Virgen al Cuerpo Místico de la Iglesia

—Aumento de vocaciones sacerdotales y religiosas, disminución de deserciones y traiciones en el estado de vida consagrada a Dios y retorno al espíritu primitivo de sus santos fundadores.

—Numerosas conversiones especialmente de pecadores reincidentes y de sacerdotes y personas consagradas a Dios que han sido apóstatas.

—Protección maternal y sus copiosas gracias.

—Una milagrosa virtud de salud para el alma y el cuerpo en la fuente de Fontanelle.

—Fontanelle se debe convertir en un faro de fe, oración y penitencia. Montichiari será la montaña luminosa que irradiará Mística luz sobre el mundo.

—Pero el milagro patente consistirá en el retorno de los hijos a la verdadera fe y al amor de Dios… Y luego la concordia y la paz para todo el mundo. Estas consoladoras promesas son precisamente el auxilio salvador que necesita y espera ansiosamente la Iglesia y con ella los sacerdotes, los Institutos Religiosos y el mundo entero. Alegrémonos y agradezcamos. Mi amor abraza a toda la humanidad.

Las Nuevas Órdenes Religiosas

Un hecho interesante, la ROSA MÍSTICA está pidiendo que su imagen sea llevada a Institutos de Educación, Iglesias y Conventos para renovar la fe, del Cuerpo Místico de la Iglesia, para reforzar a los sacerdotes y religiosos. Se dice que para enfrentar el ARMAGEDÓN, la Guerra Final y la Gran Confusión, que se ha levantado en grupos inspirados por el mal en la nueva Alemania, y toda Europa. Se avecina una gran guerra étnica que ha comenzado ya, en los Balcanes específicamente en Yugoslavia, que los Musulmanes de los Ayatolás, y que hombres malvados y guerreros sin piedad están creciendo en diferentes partes del mundo. Los grandes Capos de la droga, nuevos líderes del tipo de HITLER se están levantando y ellos a su vez, a los nuevos nazis del futuro. Eso es parte de los mensajes de la ROSA MÍSTICA, el de resucitar a las nuevas ordenes religiosas, como la de los Cruzados del Medioevo, como los Templarios, Teutones, los Caballeros de SANTIAGO, San JORGE y San LUIS y de nuevas instituciones como la Sagrada Inquisición de Santo DOMINGO, para enfrentar a los «*idus de marzo*» que se levantan en el mundo para la Gran Guerra. Se dice que la Virgen ha sido vista en compañía de sus ángeles custodios, con RAFAEL a su derecha y su espada flamante, y GABRIEL empuñando una lanza, e inclusive en el sueño de una vidente se describe a la ROSA MÍSTICA con un manto púrpura sobre los hombros, el Cáliz de CRISTO o el Santo Grial en la mano izquierda, junto con un Rosario y una espada con empuñadura de rosas en la mano derecha. Esto no nos debe sorprender. Muchos santos y ángeles, son representados con espadas y lanzas en sus manos, pues inclusive en *Los Evangelios* JESÚS dice a sus apóstoles: «EL QUE NO TENGA ESPADA VAYA Y COMPRE UNA», como la que tenía PEDRO la noche en que fue capturado JESÚS en Getsemani. Y recuerden que en el *Antiguo Testamento* se conoce a Dios como el Señor de los Ejércitos. Entonces, relacionando en este sueño tan extraño a la Virgen MARÍA como salvadora, representada como lo es Santa BÁRBARA, con la espada en la mano, como una guerrera, indicando poder y castigo. Santa BÁRBARA, la cual no era «Bárbara» de nombre, sino que era «Bárbara» por ser de origen Franco, y los romanos llamaban bárbaros a todos los que procedían del norte del río Rin. Esta Santa cuyo nombre verdadero es realmente desconocido, estaba íntimamente ligada a las leyendas de Rey ARTURO, al Santo Grial y a los Cruzados de Jerusalén, a la Orden de los Caballeros de Malta. Se dice que era en realidad MARÍA MAGDALENA y que el gran Maestro de los Caballeros Templarios, JACQUES DE MOLAI la tenía como Patrona de sus fuerzas de caballería igual que como nuestra Guardia tiene como su patrona a la Virgen del Valle. Por eso no es sorprendente de que la ROSA MÍSTICA haya sangrado en una Institución Militar, la Virgen busca a los nuevos religiosos, pero quiere que éstos sean los nuevos guerreros espirituales, que den nacimiento a las nuevas órdenes religiosas, que puedan enfrentar y llevar la palabra de forma viva, contra la apostasía, la herejía, preparados a luchar con su oración y acciones, inclusive dar su vida por CRISTO, la Cruz y la Verdad, contra las crecientes sectas satánicas y todos los que buscan el mal.

Pero no como en Belfast, Irlanda, donde se están matando católicos con protestantes, ambos hermanos en CRISTO, porque las guerras que vienen son guerras frías, sin armas de fuego, pero habrá miedo, terror, hambre y pobreza. Estas guerras tendrán que ganarse con la palabra, oración así como es representado JESUCRISTO en el Apocalipsis de San JUAN, en su próxima venida con una espada que sale de su boca, como la lengua de dos filos, filosa y cortante, la palabra de Dios. Por eso el interés de la Virgen en los institutos, colegios, conventos, monasterios, y seminarios para formar sus grupos, sus cadenas de oración, en fechas inclusive determinadas para unir al planeta en cadenas espirituales de oración y formar una gran maya o red de energías positivas, sanadoras y liberadoras en contra de las distintas fuerzas negativas. Esto deberá darse con urgencia a comienzos de este siglo, encabezadas por sus sacerdotes y religiosos para evitar así que se desvirtúe el verdadero mensaje de Dios, puesto que del mismo seno de la Iglesia podrán salir los falsos profetas, que confundirán al mundo.

Por eso, los mensajes de la Virgen de BETANIA, Reconciliadora de los pueblos y en los mensajes de BASULA R. se habla de la unión entre las Iglesias como los pilares que se deben unir para enfrentar juntos como hermanos y constituir una sola Iglesia en CRISTO, que no hayan más divisiones de cristianos, puesto que Dios es uno y es amor y el primer mandamiento es amar a Dios sobre todo y todos, y al prójimo como así mismo.

¿Qué Dice la Iglesia?

En una oportunidad el Papa URBANO VIII declaró: «*En casos relacionados con revelaciones privadas, es mejor creer, que no creer, por que si usted cree, y se prueba que es verdad, usted se alegrará de haber creído, por que nuestra Santa Madre lo pidió. Si usted cree, y se prueba que era falso, recibirá todas las bendiciones como si hubiera sido verdad, porque creyó que era verdad*». (Papa URBANO VIII, 1623-44)

La Iglesia venezolana no se ha pronunciado al respecto y hay un gran hermetismo con sus manifestaciones y en especial en relación con la escarcha; la mayoría de los sacerdotes no creen en esta escarcha; otros no dicen nada, y la iglesia espera pruebas más convincentes. Y es lógico la posición que ésta asume por la cantidad de fraudes y engaños a lo que están sometidos los asuntos de la religión,

llenos de magia, fanatismo… en fin una gran cantidad de factores
que opacan los verdaderos propósitos de la fe con fines distintos,
como publicidad, mercado de negocios, manejar matrices de opinión políticas. En otros casos son consecuencias de fanatismo religioso, lavados de mente, ignorancia, falta de educación.

Otros tienen causas patológicas: histerias colectivas, ilusiones, hip-
nosis, auto-hipnosis, deseos reprimidos, casos de esquizofrenias, alu-
cinaciones por narcóticos, etc. Por eso, habría que descartar gran
cantidad de manifestaciones porque podrían estar viciadas por sín-
tomas de ilusiones y deseos, y como la mente engaña fácilmente
nuestros sentidos, sería muy fácil el atribuirle un hecho normal y
común como milagro o manifestación de la Virgen, y esta escarcha

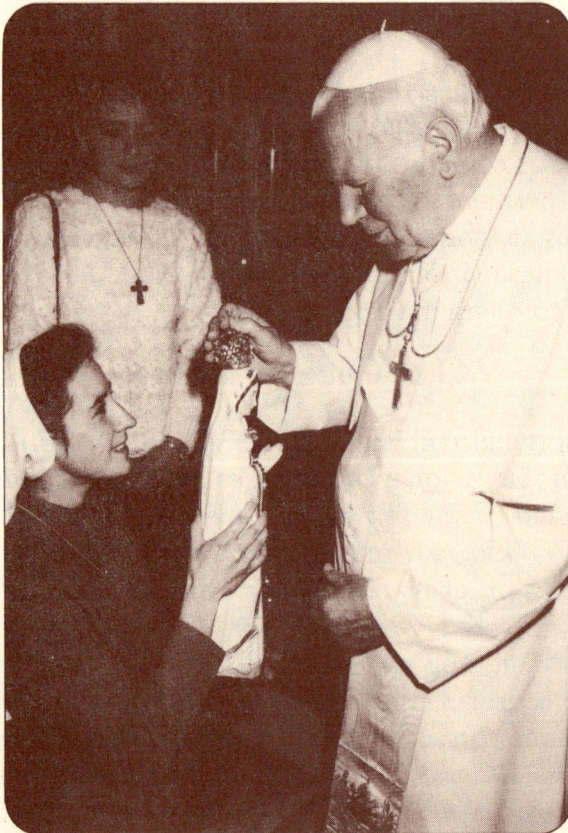

Papa Juan Pablo II corona La Rosa Mística, Madre de la Iglesia

con el tiempo podría ser considerada no como manifestación o mila-gro sino como un hecho natural, material, *científicamente compro-bado*, como podría ser una emanación de un gas en la atmósfera que precipita en forma de escarcha o una sustancia en el agua que al bañarse se adhiera a la piel. Esto aún no se sabe y es por eso que la Iglesia espera, hasta descartar todo lo que podría ser falso y confu-so, dejándole la ultima palabra al Vaticano. Sólo los sacerdotes que han tenido la experiencia y la suerte de presenciar la manifestación en persona creen —y no todos— porque es muy difícil creer que esto pueda suceder. La iglesia se mantiene al margen hasta tanto no se reúnan todas las pruebas y testimonios y que éstos sean compro-bados por los estudiosos de la materia y la ciencia, llevados al Vatica-no para su aprobación oficial.

Sin embargo, se está dando entre algunos, no todos, los sacerdo-tes, y no sólo de Venezuela sino de México y Guatemala, quienes veneran a la Virgen de Coromoto y a la Virgen de Guadalupe; sacer-dotes de Colombia que veneran al Divino Niño, que sienten que la Advocación de la ROSA MÍSTICA está desplazando a sus advoca-ciones regionales y ha despertado entre ellos un cierto sentimiento de celos y triste rechazo que ha motivado a denunciar a la Advoca-ción de la ROSA MÍSTICA como de <falsa profeta>, de ser utilizada en magia, esoterismo y santería.

Otros dicen que esto es parte de un movimiento Masón Rosa Cruz y que está relacionado con órdenes antiguas como la Pierd da Sion con propósitos oscuros. ¿No será que es esto un juego del viejo poder y sin sentido que las Iglesias Católica, Ortodoxa, Luterana y otras que siguen jugando a destruir en beneficio propio por ver que sus esferas de poder se están desintegrando y las Iglesias no se dan cuenta de que son ellas mismas con su no tolerancia, al no querer entender y aceptar lo inexplicable, y a juzgar cual es mejor? ¿Por que no seguimos el paso del mismo Papa JUAN PABLO II? (el Pastor ENAUTA) de las escrituras, *navegante de la paz*, el peregrino con su mensaje de amor de hermandad, con su misión de unir al mundo por medio de la tolerancia y la concordia. Véanlo ustedes mismos. Él aceptó los principios evolutivos de la especies de DARWIN, y toda-vía hay sacerdotes reacios a la verdad.

Pero si la verdad es una, ¿por qué esa lucha en mantener lo que no es? Y la verdad es el respeto que se debe mantener hacia el prójimo;

todos tenemos derecho a tener nuestra verdad y nadie tiene derecho a imponernos sus verdades; esto es algo que trasciende y asimismo es algo personal. Dios —desde adentro— nos dice cuál es la verdad y todos debemos respetar eso; ese ejemplo de amor es el que se ve, se puede ver al mismo Papa JUAN PABLO II entre Ortodoxos, Musulmanes, Lamas, Tibetanos, entre Ateos como en la reciente visita que hizo a Cuba y a Fidel CASTRO, demostrando en eso amor, paz y respeto a otras religiones, a sistemas políticos y sociales.

Entonces, ¿por qué las iglesias están en pugna entre ellas mismas? Así como los católicos y los carismáticos: que si unos son santeros, que son herejes, que si son contrarios a las enseñanzas de Cristo, que si no siguen al pie de la letra las palabras que están en La Biblia. La Iglesia está cada día más sola y los sacerdotes no se dan cuenta que son ellos mismos con esa actitud los culpables del porqué se ha alejado la gente. Recuerden que JESÚS vino al mundo a servir y no a ser servido; la gente espera ser escuchada y la Iglesia debe evolucionar al ritmo que evoluciona la vida, porque el mundo no se detiene; y eso es lo que ha visto el Papa; pero muchos sacerdotes y religiosos como que no pueden ver la verdad; por eso mismo pidan a Dios visión, amor, tolerancia, y entendimiento y dejar de buscar el mal en todas partes, de perjudicar, que si esta Virgen es mejor que esta otra, que si la nuestra es la de Coromoto, que si la ROSA MÍSTICA es extranjera. La Virgen es una sola al igual que Dios; es la escogida por Dios y debemos enseñar el amor y no sembrar semillas de discordia; recordemos los mensajes dados en las diferentes Advocaciones:

En el Estado Trujillo tenemos la Virgen de la Paz, para que haya paz; en BETANIA la Virgen Reconciliadora de los Pueblos para que haya respeto y tolerancia. Ni la Iglesia ni nadie tiene derecho de decirle al creyente que no crea en lo que cree o en lo que ve, por el simple hecho de que él no crea o no vea o no quiera creer. El respeto ante todo y la comprensión, la fe de las personas deben ser respetadas. Debe existir ese respeto inclusive ante la magia. La tarea de la Iglesia es buscar, oír y ayudar a la gente. Debe servir, como lo hizo JESÚS. La Iglesia no debe esperar que le sirvan a ella. La era de las catedrales góticas y de la inquisición pasó para darle paso a la iglesia del amor. Miren el porqué las familias están tomando el lugar de las iglesias, extendiendo así la renovación de la fe hacia la Virgen.

Para la Iglesia lo importante no son las curaciones milagrosas, ni la aparición de la escarcha, sino el respeto a Dios, el saber que Dios está por encima incluso de cualquier manifestación de la Virgen, como dice el Mandamiento: *Amar a Dios sobre todos y todo*: eso es lo primero; a Dios se adora y a la Virgen María se venera. Hay inclusive una negación abierta contra la ROSA MÍSTICA por parte de muchos sacerdotes católicos como los protestantes, evangélicos y otros, enfrentamientos que son en esencia contrarios a las enseñanzas de Cristo. Pero yo estimo que son sólo celos normales de los sacerdotes clásicos y de la ortodoxia; por lo que se dice en Venezuela, que, cuando hay <santos nuevos los viejos no hacen milagros>. Lo importante pienso no es la Advocación en sí, ni la Iglesia, ni el ritual sino la base de todo, la palabra, el mensaje de AMOR de unos y otros; no importa de qué o de quién, o cuál de las distintas Iglesias en Cristo tiene la razón, pues la verdad no la tiene ninguna en exclusiva, sea Luterana, Católica, Carismática, u Ortodoxa.

Cristo vendrá, está escrito, pero, ¿no es acaso Dios libre de escoger bajo qué religión o secta ha de venir de nuevo Cristo JESÚS? Escogió a Belén, entre las más pequeñas de las ciudades de Judea para venir al mundo. Así, es libre de llegar como shintoísta o budista o hinduista. No se sabe, mientras más pronto nos demos cuenta de que lo más importante es el AMOR entre unos y otros, mejor sanaremos al planeta y nos salvaremos: *ama a tu hermano, desea el bien hacia tu prójimo y sin darte cuenta te estarás haciendo bien a ti mismo, cuidando a tu hermano te cuidas a ti.*

Y eso es lo importante: *el Amor al prójimo como si fuera uno mismo, hacer bien sin mirar a quien, eso es lo importante, lo hermoso.*

No es buscar la colección de las imágenes de las Rosas Místicas como si fueran amuletos: ¡No son!, no son pócimas contra enfermedades o para rayos, no se debe desvirtuar el propósito; se están fabricando estatuas de la ROSA MÍSTICA como si fueran panes y eso no puede ser; el propósito es la oración, la conversión, el arrepentimiento, ayudar al prójimo, dar a conocer los mensajes para hacer un cambio en nuestras vidas, un cambio positivo por el bien del país y del mundo.

Las *Rosas Místicas Peregrinas* fueron siete en un principio, siete destinadas a Venezuela por lo místico del propio número bíblico, siete las familias con la responsabilidad de iniciar la peregrinación.

La Virgen Sangró por el Dolor de las Inundaciones en Venezuela

La Naturaleza fue dura para el pueblo venezolano a la entrada del nuevo milenio, en los momentos en que nacía una nueva Constitución y una nueva República y —para hacerlo más fuerte— en la época navideña, época de amor de alegría. Y una enorme nube cargada de agua se estacionó sobre los cielos venezolanos en una época en la que, por lo general, los cielos están despejados y cubiertos de estrellas, los más lindos del invierno. Pero un desequilibrio natural climático, denominado «La Niña», va ser responsable de muchas más inundaciones en muchas partes del mundo, como los que causó en su momento «El Niño», en Perú, Chile, Colombia, Centroamérica, en especial, El Salvador cuando la furia de los vientos y la lluvia del huracán Mistch inundó a varios países de la región con pérdidas incalculables. Y de nuevo semejante diluvio llega a nuestro país, el cual nos considerábamos muy seguros porque la misma Cordillera de la Costa y el cinturón de islas del Caribe evita que nos toquen los huracanes y tormentas; pero nos olvidamos de la inocente lluviecita que no moja pero empapa, <la Garúa>, una aparente e insignificante lluvia estacionada sobre el cerro el Ávila produjo un deslave semejante al que sufriera la tragedia del deshielo del volcán de Armero en Colombia. Así las quebradas se convirtieron en mortíferos ríos que bajaban de la montaña arrasándolo todo a su paso, sepultando en lodo personas y viviendas, plantaciones y animales como Carmen de Uria que ahora es un cementerio, Los Corales, convertida en escombros por un mar de rocas gigantes.

El Estado Vargas quedó incomunicado totalmente, la emergencia fue general y espantosa en varios estados venezolanos al mismo tiempo como Miranda, Zulia, Falcón, Táchira. Pero esa fue la razón por la cual la Virgen se estuvo manifestando tanto en 1999; era para prepararnos espiritualmente ante el desastre que venía. Y todas esas escarchas, manifestaciones de: *estoy a tu lado acompañándote en tu dolor en este valle de lágrimas, para darte resignación, fuerzas, esperanzas en un nuevo porvenir*, arrancando inclu-

sive de cero, ¡qué difícil es! Pero estás con vida. Medita, todo pasará
y será sólo un horrible sueño, la vida sigue y vendrán cosas lindas,
pero hay que saberlas buscar, sin descansar, pero con paciencia. El
pueblo hebreo estuvo cuarenta años en el desierto para encontrar la
Tierra Prometida. El mismo Moisés no entró en ella, pero la fuerza
de su pueblo jamás ha desfallecido antes las adversidades. Y nosotros que somos el Bravo Pueblo tampoco debemos desfallecer. Ahora es el momento de entrar al nuevo milenio con decisión y coraje
para ser mejores personas, más humanas, con optimismo, para afrontar los nuevos retos del futuro.

En La Guaira, la ROSA MÍSTICA estaba en peregrinación en
casa de una familia cuando comenzaba a subir el nivel de las aguas.
La familia rezaba sin descansar ante el eminente peligro; el agua
entraba a la casa y salieron no sin antes apagar el velón y pedirle a
la Virgen que los protegiera a todos y cuidara de su casa; se fueron
en busca de un lugar más alto, cuando todo pasó. Bajaron la aguas
y regresaron a su casa que no le había pasado mayor cosa. Se arrodillaron ante la imagen y todas se llenaron de escarcha mientras que
las casas de sus vecinos habían desaparecido.

En una localidad la inundación arremetía contra personas y casas
y como en estos casos un grupo de personas se fue a refugiar a una
iglesia, las aguas penetraban por los escaños con fuerza, llevándose
todo a su paso como una sacrílega invasión de las furiosas aguas.
Un valiente párroco subió a todos a la parte alta de la iglesia, la
asignada para el coro y, ante la inevitable muerte que se avecinaba,
dio la comunión a cuantos se encontraban con él. Orando se resig-
naron a morir; una señora de repente dijo «nos vamos a salvar; la
Virgen está con nosotros al verse las manos con escarcha. Y así fue.
A pesar de los daños que sufrió toda la estructura de la iglesia esas
personas —todas— salvaron sus vidas.

Son incontables; esta vez las manifestaciones de la Virgen y las
escarchas en medio de la tragedia, se manifestaron dando fuerza a
los sobrevivientes, ayudando a familias a encontrar a sus seres queridos, a sacerdotes, médicos, militares, y a voluntarios a aliviar tanta desgracia.

Virgen del Perpetuo Socorro, La Dolorosa

Capítulo II

Oraciones

Oración al Cuerpo Místico de la Iglesia

Jesús. ETERNO Y SUMO SACERDOTE, GUARDA A TUS SACERDOTES AL AMPARO DE TU SANTÍSIMO CORAZÓN. HAZ QUE CREZCAN EN AMOR Y FIDELIDAD HACIA TI Y PRESÉRVALOS DEL CONTAGIO DEL MUNDO. DALES CON EL PODER DE LA TRANSUBSTANCIACIÓN DEL PAN Y DEL VINO, EL PODER Y LA FUERZA DE TRANSFORMAR LOS CORAZONES. BENDICE TU TRABAJO APOSTÓLICO CON ABUNDANTES FRUTOS Y CONCÉDELES DESPUÉS, LA CORONA DE LA VIDA ETERNA. MARÍA, BUENA MADRE DE LOS SACERDOTES, ALCÁNZANOS SANTOS SACERDOTES, SANTOS RELIGIOSOS Y SANTAS FAMILIAS Y ACÓGENOS A TODOS BAJO TU PROTECCIÓN.

MARÍA REINA DE LOS APÓSTOLES, GUÍA A QUIENES SON LLAMADOS AL SACERDOCIO Y CONDÚCELOS HASTA SU META.

MARÍA MADRE DE LOS ASPIRANTES AL SACERDOCIO, ALCÁNZALES LA GRACIA DE LA PERSEVERANCIA.

MARÍA MADRE DOLOROSA, CON TU INMENSA BONDAD, HAZ QUE LOS SACERDOTES EXTRAVIADOS VUELVAN AL BUEN PASTOR. OFRECE AL ETERNO PADRE, LA PRECIOSA SANGRE DE TU DIVINO HIJO, POR LOS SACERDOTES QUE SUFREN EN EL PURGATORIO Y ENVÍA A LOS SANTOS ÁNGELES PARA QUE LOS CONDUZCAN AL CIELO. AMÉN.

Culto a la Virgen María

OBISPOS SACERDOTES Y RELIGIOSOS... EMPEZAD UNA GRAN CRUZADA PARA EXTENDER EL CULTO A MARÍA, NO SÓLO EN PRIVADO, SINO QUE PÚBLICAMENTE SE FORTALEZCA EN LAS IGLESIAS, SEMINARIOS Y CONVENTOS. AL VER VUESTRO EJEMPLO, EL PUEBLO Y EN ESPECIAL LAS JUVENTUDES OS SEGUIRÁN. NO OS DEJÉIS DESORIENTAR POR LAS MOFAS Y CONDUCID A LOS PUEBLOS HACIA LOS SANTUARIOS MARIANOS, CUIDANDO QUE, POR MEDIO DE MARÍA, SE ACERQUEN AL SEÑOR EN LA CONFESIÓN Y LA SANA COMUNIÓN.

Rituales para Recibir a María Rosa Mística

Cuando se va a recibir a la imagen de la Virgen MARÍA ROSA MÍSTICA hay que cumplir con unos requisitos que se consideran los mínimos exigidos de respeto ante la presencia de la Virgen MARÍA, pues manifestó a PIERINA GUILLI que —adonde quiera que fuese su imagen— Ella irá en persona. Por eso se exige un mínimo de respeto para recibir a la ROSA MÍSTICA y consiste en:

Se le debe asignarle a la imagen un lugar privilegiado; esto quiere decir que Ella va a ser el centro de atracción del lugar, mientras se encuentre en ese sitio escogido; se debe escoger un lugar en el cual no haya mucho tránsito, y que no interrumpa con el desenvolvimiento normal del hogar o el lugar donde se encuentre, pues se le va a dar el mismo respeto y consideración, que cuando se está en la Iglesia; por lo tanto no se puede fumar, comer, beber; no podrá estar cerca instrumentos eléctricos, ni radios, ni equipos de sonido, ni televisores, ni computadoras, ni máquinas que hagan ruido o distraigan la atención a la concentración meditativa y contemplativa y a la oración, o que pudieran confundir una manifestación de la Virgen que se podría dar en cualquier momento. En ese lugar no se podrá discutir, ni ventilar temas que podrían llevar a discusiones ante su presencia; sólo se podrá hablar de Dios, de la Virgen y estrictamente cuestiones sacras: orar, meditar, cantar canciones.

En cuanto a los equipos de sonido hay una excepción y es que se podrá escuchar música de fondo, suave, con volumen muy bajo, preferiblemente instrumental sacra, gregoriana, etc.

El lugar debe estar limpio y perfumado antes de la llegada de la ROSA MÍSTICA al sitio escogido para tal fin; se debe recibir a la ROSA MÍSTICA con flores preferiblemente con Rosas, las cuales debe ser blancas, amarillas y rojas; también debe tener mucho verde, hojas varias, palmas, etc. No tan cerca de la Imagen de la ROSA MÍSTICA se deben colocar velones o cirios grandes, de color blanco preferiblemente; a éstos se le deben colocar agua en la base del velón y deben estar encendidos desde que llega la imagen hasta que se retira. Estarán encendidos siempre que hallan personas orando, pero si las personas se retiraran a dormir, se deben apagar los velones y las velas que se hayan prendido.

Se debe colocar en el lugar —pero retirado del altar— un plato o envase con agua, el cual debe tener pétalos de rosas adentro, y un plato o cestica con hojas de papel en blanco en las cuales se escribirán las peticiones, que serán quemadas antes del retiro de la ROSA MÍSTICA o entregadas a la persona encargada de la peregrinación y que conozca el ritual para quemarlas.

La Virgen nunca debe estar sola y sin oración o meditación contemplativa. Si las personas se van a retirar a dormir, se deben apagar las velas sin excepción y trasladar la imagen de la ROSA MÍSTICA, preferiblemente a la habitación en que duermen para que no se quede sola.

La Virgen siempre debe estar acompañada de flores en especial las rosas amarillas, rojas y blancas; de los ramos que las personas le obsequien unas pocas rosas deben acompañar a Ésta en sus traslados a las casas o a sus sedes, y la mayoría de los ramos deben ser llevados a la Iglesia más cercana a esa peregrinación, y puestos a los pies de la imagen de la Virgen MARÍA sea de la Advocación que sea en el nombre de la familia donde se encontraba y encender una luminaria.

Ritual para Recibir a María Rosa Mística

Saludos en las Visitas de la Virgen Peregrina

Hay que recibir a la Virgen con mucha alegría y mucho amor; se sentirá su compañía y su presencia; hay que orar con fervor, y Ella los colmará de gracias y muchas bendiciones.

Se dice que La madre de Jesús está con nosotros en compañía del Arcángel Rafael. En un mensaje dijo:

«*Como lo he prometido, así también estoy presente con estas estatuas a donde quieren que lleguen y obsequio con las super-abundantes gracias del Señor*».

Cada uno debe tomar conciencia de mi real presencia personal. Esta Madona peregrina queda ligada a oraciones y al libro de peregrinos. Por favor, rezad las oraciones fijadas por el Salvador; la persona que pueda, de rodillas. Por reverencia ante la Magna Peregrina deberían ser reducidas a un mínimo de conversaciones en Su Presencia.

A la Llegada de la Peregrina al Lugar Escogido se Reza:

El Angelus:
   El Ángel del Señor anunció a María.
   Y ella concibió por obra del Espíritu Santo.
   Ave María.
   He aquí la esclava del Señor.
   Hágase en mi según su palabra.
   Ave María.
   Y el Verbo se hizo Carne.
   Y habitó entre nosotros.
   Ave María.
   Ruega por nosotros Santa Madre de Dios.
   Para que seamos dignos de alcanzar las promesas de Nuestro
       Señor Jesucristo.
   Amén.

Oremos:

Te suplicamos, Señor, que derrames tus gracias en nuestras almas, para que los que por el anuncio del Ángel hemos conocido la Encarnación de tu Hijo Jesucristo, por su pasión y su cruz, seamos conducidos a la gloria de la resurrección. Por el mismo Jesucristo, nuestro Señor, amén.

Siete Ave Marías, Siete Glorias.

Luego: «El representante dará la bendición en Mi Nombre».

Esta es una oración que hay que rezarla muchas veces y es «Santa María concebida sin pecado original, refugio de los sacerdotes y demás personas consagradas, ruega a Jesús por ellos».

Bendición del Hogar

La bendición de Dios descienda sobre esta casa y sobre todos los que viven en ella. Y la gracia del Espíritu Santo santifique a todos. El Santísimo y dulce nombre de Jesús en el que está toda la salvación, derrame copiosamente salud y bendición sobre esta casa y sobre todos los que viven en ella.

La Santísima Virgen MARÍA ROSA MÍSTICA, Madre de Dios y de la Iglesia cuide a todos con su maternal protección y nos libre a todos de todos los males de alma y del cuerpo. La poderosa Intercesión del Bienaventurado San José dé a nuestros trabajos prosperidad y muchos méritos a nuestros sufrimientos. Los ángeles de la guarda protejan a cuantos hay en esta casa de las asechanzas del maligno enemigo y nos conduzcan a la Patria Eterna. Descienda sobre nosotros la bendición de Dios: Padre, Hijo, y Espíritu Santo, y permanezca siempre con nosotros. Amén.

Rosario de las Lágrimas
Palabras de la Virgen

En el nombre del Padre del Hijo y del Espíritu Santo.

Se rezan siete misterios: Lunes Miércoles, Jueves, Sábados y Domingos las siete Alegrías; y Martes y Viernes, Los siete Dolores.

Oración Inicial

JESÚS CRUCIFICADO POSTRADOS A TUS PIES, TE OFRECEMOS LAS «LÁGRIMAS Y SANGRE» DE AQUELLA QUE TE ACOMPAÑÓ CON TIERNO AMOR Y COMPASIÓN EN TU VÍA CRUCIS. CONCÉDENOS LA GRACIA, OH BUEN MAESTRO, DE TOMAR A PECHO LAS ENSEÑANZAS CONTENIDAS EN LAS LÁGRIMAS Y SANGRE DE TU SANTÍSIMA MADRE, PARA CUMPLIR TU VOLUNTAD DE TAL MANERA QUE UN DÍA SEAMOS DIGNOS DE ALABARTE Y GLORIFICARTE POR TODA LA ETERNIDAD. AMÉN.

En lugar del Padre Nuestro, al comienzo de cada misterio se reza:
«OH JESÚS MÍO, MIRA LAS LÁGRIMAS Y SANGRE DE AQUELLA QUE TE TENÍA EL AMOR MÁS GRANDE EN LA TIERRA».

Se responde: «Y TE AMA CON EL AMOR MÁS FERVOROSO EN EL CIELO»
En el lugar de las <Ave María> se reza siete veces:
OH JESÚS ESCUCHA NUESTROS RUEGOS.

Se responde: «POR LAS LÁGRIMAS Y SANGRE DE TU SANTÍSIMA MADRE»
Después de nombrar cada misterio y rezar las jaculatorias correspondiente, se repite tres veces:
OH JESÚS MÍO MIRA...

Oración final

OH MARÍA, MADRE DEL AMOR DE LOS DOLORES Y DE MISERICORDIA. TE SUPLICAMOS REÚNE TUS RUEGOS CON LOS NUESTROS PARA QUE JESÚS, A QUIEN NOS DIRIGIMOS EN EL NOMBRE DE TUS LÁGRIMAS Y SANGRE MATERNAS, ESCUCHA NUESTRAS SÚPLICAS, CONCÉDENOS CON LAS GRACIAS QUE TE PEDIMOS LA CORONA DE LA VIDA ETERNA. AMÉN.

TUS LÁGRIMAS Y SANGRE, OH MADRE DOLOROSA, DESTRUYAN EL REINO DEL INFIERNO. POR TU DIVINA MANSEDUMBRE, OH ENCADENADO JESÚS, GUARDA AL MUNDO DE LOS ERRORES AMENAZANTES.

ROSA MÍSTICA, RUEGA A JESÚS POR NOSOTROS [*tres veces*]
En El nombre del Padre, del Hijo y del Espíritu Santo.

Las Siete Alegrías de María

1) *La preferencia que la Santísima Trinidad le concede sobre todas las criaturas.*
2) *La Virginidad que la elevó por encima de los ángeles y los santos.*

3) *El esplendor con el cual brilla en los cielos con su gloria.*

4) *El culto que todos los elegidos le rinden como Madre de Dios.*

5) *La prontitud con la cual su Divino Hijo atiende a todos sus pedidos.*

6) *Las gracias que sus servidores reciben de Jesús en este mundo y la gloria que les tiene preparada en el cielo.*

7) *Poseer todas las virtudes con la mayor perfección.*

Los Siete Dolores de María

1) *Cuando al presentar a su hijo en el templo, oyó la profecía de Simeón: «Y una espada de dolor traspasará tu alma».*

2) *Cuando se vio obligada a huir a Egipto, escapando de la persecución de Herodes, quien quería matar a su Hijo.*

Imagen de María La Rosa Mística con su rosario

3) *Cuando buscó por tres días a su hijo que se había perdido, y luego lo encontró en el Templo de Jerusalén, luego de la visita hecha en tiempo de Pascua.*

4) *Cuando encontró a su Divino Hijo cargando en sus hombros la pesada cruz, camino del calvario.*

5) *Cuando vio a su Hijo ensangrentado y agonizante durante tres horas y luego exhalar su último suspiro.*

6) *Cuando su amado Hijo, traspasado su pecho por una lanza, es bajado de la cruz y depositado en sus brazos.*

7) *Cuando contempló el cuerpo de su Divino Hijo acostado en el sepulcro.*

Plegaria Rosa Mística

VIRGEN INMACULADA ROSA MÍSTICA, EN HONOR DE TU DIVINO HIJO NOS POSTRAMOS DELANTE DE TI, IMPLORANDO LA MISERICORDIA DE DIOS. NO POR NUESTROS MÉRITOS, SINO POR LA BONDAD DE TU CORAZÓN MATERNAL, CONCÉDENOS AYUDA Y GRACIA CON LA SEGURIDAD DE ESCUCHARNOS.

Dios te Salve María...

ROSA MÍSTICA MADRE DE JESÚS. REINA DEL SANTO ROSARIO Y MADRE DE LA IGLESIA DEL CUERPO MÍSTICO DE CRISTO, TE PEDIMOS, CONCEDAS AL MUNDO, LA UNIDAD Y LA PAZ Y TODAS AQUELLAS GRACIAS QUE PUEDAN CAMBIAR LOS CORAZONES DE TODOS TUS HIJOS.

Dios te Salve María...

ROSA MÍSTICA, REINA DE LOS APÓSTOLES, HAZ QUE ALREDEDOR DE LOS ALTARES EUCARÍSTICOS SURJAN MUCHAS VOCACIONES SACERDOTALES Y RELIGIOSAS, PARA DIFUNDIR CON LA SANTIDAD DE SU VIDA Y CON EL CELO APOSTÓLICO, EL REINO DE TU HIJO JESÚS POR TODO EL MUNDO, DERRAMA SOBRE NOSOTROS TUS GRACIAS CELESTIALES.

Dios te Salve María...

ROSA MÍSTICA MADRE DE LA IGLESIA, RUEGA JESÚS POR NOSOTROS [*tres veces*].

Novena de la Rosa Mística

ROSA MÍSTICA , MADRE DE LA DIVINA GRACIA. BENDITA TÚ ERES POR QUE TU DIVINO HIJO JESUCRISTO, AUTOR DE LA GRACIA.

Padre Nuestro, Ave María y Gloria...

ROSA MÍSTICA, Bendita Tú eres porque tu Divino Hijo nos alcanzó la gracia muriendo en la cruz, cooperando Tú con Él en ese momento, cuando una espada de dolor traspasó tu alma.

ROSA MÍSTICA, Madre Nuestra, vuelve tu amante mirada sobre todos los hombres. A Ti clamamos y suplicamos que nos obtengas las gracias que nos confieren el bautismo, la penitencia y los demás sacramentos.

ROSA MÍSTICA, Madre de la Divina Gracia, Haz que todos lleguemos a la Casa del Padre Celestial, ya que todos somos Hijos tuyos e Hijos de Dios. Te ruego mires mi alma, tan pobre e indigna y cuides de ella.

ROSA MÍSTICA, Tú que das a quien quieres y das cuándo y cómo quieres, yo confío en Ti y te abro mi corazón. Haz irradiar tu luz en mi alma y que tu maternal amor, con fuerza misericordiosa, abrace mi corazón y lo llene de alegría, humildad y paz.

ROSA MÍSTICA, Tú que como madre tienes mayor preocupación por los más necesitados de tu socorro, yo te imploro en todas mis necesidades espirituales y corporales, y ahora muy especialmente te suplico me concedas esta gracia que pido...

Jesucristo y Madre de la Divina Gracia, Tú que eres Madre de la Misericordia y Madre de la Vida, Tú que eres nuestra Madre Bondadosa y Nuestra Esperanza, enciérrame en Tú Corazón Inmaculado y escúchame. Amén

ROSA MÍSTICA, *ruega a Jesús por nosotros* [*tres veces*]. *Dios te Salve.*

Oración a María Rosa Mística

María, Fragante Rosa del Misticismo, ayúdanos a mirarnos por dentro y a examinarnos a nosotros mismos. Ayúdanos a ser dignos de Tu mirada y a mantenernos firmes ante Ti, especialmente en las áreas del pensamiento y en los actos que a Ti te disgustan, y ayúdanos a parecernos a Ti.

Por favor, ayúdanos a trabajar por nosotros mismos permitiendo que Tu amor brille donde sea que nosotros trabajemos y que brille especialmente en nuestros sacerdotes y religiosos. Amén.

MARÍA ROSA MÍSTICA

Ruega a Jesús por nosotros. [*tres veces*]

Súplicas a la Virgen

DAME TUS OJOS, MADRE, PARA SABER MIRAR, SI MIRO CON TUS OJOS JAMÁS PODRÉ PECAR.

DAME TUS LABIOS, MADRE PARA PODER REZAR, SI REZO CON TUS LABIOS, JESÚS ME ESCUCHARÁ.

DAME TU LENGUA, MADRE, PARA IR A COMULGAR, ES TU LENGUA, PATENA DE GRACIA Y SANTIDAD.

DAME TUS MANOS, MADRE, QUE QUIERO TRABAJAR, ENTONCES MI TRABAJO VALDRÁ UNA ETERNIDAD.

DAME TU MANTO, MADRE, QUE CUBRA MI MALDAD, CUBIERTO CON TU MANTO AL CIELO HE DE LLEGAR.

DAME TU CIELO, OH MADRE, PARA PODER GOZAR, SI TÚ ME DAS CIELO, ¿QUÉ MÁS PUEDO ANHELAR?

DAME A JESÚS, OH MADRE, PARA PODER AMAR; ÉSTA SERÁ MI DICHA POR UNA ETERNIDAD.

Invocación del Espíritu Santo

VEN ESPÍRITU SANTO, Y ENVÍA DESDE EL CIELO UN RAYO DE TU LUZ. VEN, PADRE DE LOS POBRES, VEN, DADOR DE LOS DONES VEN, LUZ DE LOS CORAZONES.

CONSOLADOR MAGNÍFICO, DULCE HUÉSPED DEL ALMA, SUAVE ALIVIO.

DESCANSO EN LA FATIGA, BRISA EN EL ARDIENTE ESTÍO, CONSUELO EN EL LLANTO.

OH, LUZ SANTÍSIMA, LLENA LO MÁS ÍNTIMO DE LOS CORAZONES DE TUS FIELES.

SIN TU AYUDA, NADA HAY EN EL HOMBRE, NADA QUE SEA BUENO.

LAVA LO QUE ESTÁ SUCIO, RIEGA LO QUE ESTÁ SECO, SANA LO QUE ESTÁ ENFERMO.

DOBLEGA LO QUE ESTÁ RÍGIDO, CALIENTA LO QUE ESTÁ FRÍO, ENDEREZA LO QUE ESTÁ DESVIADO. CONCEDE A TUS FIELES QUE EN TI CONFÍAN, TUS SAGRADOS DONES. DALES EL PREMIO DE LA VIRTUD, DALES EL FRUTO DE LA SALVACIÓN, DALES LA FELICIDAD ETERNA. AMÉN. ALELUYA, ALELUYA.

ENVÍA A TU ESPÍRITU, SEÑOR Y SERÁ UNA NUEVA CREACIÓN.

Y RENOVARÁS LA FAZ DE LA TIERRA.

Oración al Arcángel Rafael

GLORIOSÍSIMO PRÍNCIPE SAN RAFAEL, ANTORCHA DULCÍSIMA DE LOS PALACIOS ETERNOS, CAUDILLO DE LOS EJÉRCITOS DEL TODOPODEROSO, EMISARIO DE LA DIVINIDAD, ÓRGANO DE SUS PROVIDENCIAS, EJECUTOR DE SUS ÓRDENES, SECRETARIOS DE SUS ARCANOS, RECURSOS UNIVERSALES DE TODOS LOS HIJOS DE ADÁN, AMIGO DE TUS DEVOTOS, COMPAÑERO DE LOS CAMINANTES, MAESTRO DE LA VIRTUD, PROTECTOR DE LA CASTIDAD, SOCORRO DE LOS AFLIGIDOS, MÉDICO DE LOS ENFERMOS, AUXILIO DE LOS PERSEGUIDOS, AZOTE DE LOS DEMONIOS, TESORO RIQUÍSIMO DE LOS CAUDALES DE DIOS, A CUYA MANO BENÉFICA LOS HA CONFIADO SU MISERICORDIA PARA REMEDIO Y CONSUELO DE LOS QUE CON VIVA FE TE INVOCAN. TÚ ERES ÁNGEL SANTO, UNO DE AQUELLOS SIETE NOBILÍSIMOS ESPÍRITUS, QUE RODEAN EL TRONO DEL ALTÍSIMO, ACREDITANDO CON ESTO QUE CUANTA ES MAYOR TU DIGNIDAD, TANTA ES MAYOR TU PROBANZA. CONFIADOS, PUES, EN ELLA, Y EN EL GRANDE AMOR, QUE HAS MANIFESTADO A LOS HOMBRES, TE SUPLICAMOS, HUMILDES, NOS DEFIENDAS DE LAS ASECHANZAS Y TENTACIONES DEL DEMONIO, EN TODOS LOS PASOS Y ESTACIONES DE NUESTRA VIDA; QUE ALEJES DE NOSOTROS LOS PELIGROS DEL ALMA Y CUERPO, PONIENDO FRENO A NUESTRA PASIONES DELINCUENTES, Y A LOS ENEMIGOS QUE NOS TIRANIZAN; QUE DERRIBES EN TODAS PARTES, Y PRINCIPALMENTE EN EL MUNDO CATÓLICO, EL CRUEL MONSTRUO DE LA HEREJÍA Y DE LA INCREDULIDAD, QUE INTENTA DEVORARNOS. TE PEDIMOS TAMBIÉN CON TODO EL FERVOR DE NUESTRO ESPÍRITU, HAGAS SE DILATE Y EXTIENDA MÁS EL SANTO EVANGELIO, CON LA PRÁCTICA DE LA MORAL PURÍSIMA, QUE CONTIENE; ASISTAS AL ROMANO PONTÍFICE EN EL DESEMPEÑO DE SU VICARÍA, Y MINISTERIO APOSTÓLICO; CONCEDAS FELICIDAD VERDADERA A TODAS LAS AUTORIDADES Y MAGISTRADOS CRISTIANOS, UNIÉNDOLOS ENTRE SÍ CON EL DULCE VÍNCULO DE LA PAZ, PARA UTILIDAD DE LA IGLESIA Y DE LA REPÚBLICA Y CONSERVES EN SANTIDAD Y CELO AL LEGÍTIMO PASTOR, A QUIEN SE HA ENCARGADO LA SALUD DE ESTA PEQUEÑA GREY. POR ÚLTIMO, TE SUPLICAMOS NOS ALCANCES DE ESE ALTO TRONO A QUE TAN INMEDIATO ASISTES, EL INESTIMABLE DON DE LA GRACIA, PARA QUE POR MEDIO DE ELLAS SEAMOS UN DÍA TUS PERPETUOS COMPAÑEROS EN LA GLORIA. AMÉN.

Oración Pidiendo Salud

OH JESÚS QUE CLAVADO EN LA CRUZ, NOS DEJASTE COMO MADRE NUESTRA, A TU MADRE SANTA VIRGEN, CONCÉDENOS POR SU MEDIACIÓN AMOROSA, LA

PURIFICACIÓN DE NUESTRAS ALMAS Y LA CURACIÓN MILAGROSA DE NUESTRO CUERPO AQUEJADO POR ESTA ENFERMEDAD (*nombrarla en silencio*). TE LO SUPLICAMOS, CONFIADOS EN TUS PALABRAS «CUANDO SE PIDA ALGO EN LA ORACIÓN SE DEBE PENSAR QUE YA SE TIENE». Y EN CUMPLIMIENTO DE LAS PROMESAS HECHAS POR MARÍA ROSA MÍSTICA EN MONTICHIARI Y FONTANELLE. AMÉN.

Se rezan tres Ave Marías y Gloria al Padre, Para honrar las Tres rosas de Nuestra Señora.

SAN RAFAEL ARCÁNGEL, INTERCEDE POR MÍ.

El Vía Crucis de la Misericordia
Oración

EXPIRASTE, JESÚS, PERO TU MUERTE HIZO BROTAR UN MANANTIAL DE VIDA PARA LAS ALMAS, Y EL OCÉANO DE TU MISERICORDIA INUNDÓ TODO EL MUNDO. OH FUENTE DE VIDA, INSONDABLE MISERICORDIA DIVINA, ANEGA EL MUNDO ENTERO DERRAMANDO SOBRE NOSOTROS TU ÚLTIMA GOTA. (IV, 59).

OH SANGRE Y AGUA QUE BROTASTE DEL CORAZÓN DE JESÚS, COMO UN MANANTIAL DE MISERICORDIA PARA NOSOTROS, EN TI CONFÍO. (135).

PADRE ETERNO. YO TE OFREZCO LA DOLOROSA PASIÓN DE NUESTRO SEÑOR JESÚS CRISTO EN EXPIACIÓN DE NUESTROS PECADOS Y LOS DEL MUNDO ENTERO.

POR SU CONDENA A MUERTE. TEN MISERICORDIA DE NOSOTROS Y DEL MUNDO ENTERO. (*Se repite después de cada estación*)

POR LA CRUZ QUE CARGÓ SOBRE SUS ESPALDAS.

POR SU PRIMERA CAÍDA.

POR LAS LÁGRIMAS DE SU MADRE QUE VINO A SU ENCUENTRO.

POR SU ANGUSTIOSA FATIGA POR CUYA CAUSA SE DEBIÓ OBLIGAR A UN HOMBRE A AYUDARLO.

Por la compasión de la mujer que le enjugó el rostro ensangrentado.

POR SU SEGUNDA CAÍDA.

POR LAS PALABRAS QUE ÉL DIRIGIÓ A LAS MUJERES QUE LO COMPADECÍAN.

POR SU TERCERA CAÍDA.

POR AQUELLA BRASA DE DOLOR QUE PRESENTABA SU CUERPO CUANDO FUE DESPOJADO DE SUS VESTIDURAS.

Por el horrible traspaso de los clavos que atravesaron sus manos y pies.

POR EL AGUA Y LA SANGRE QUE BROTARON DE SU CORAZÓN COMO FUENTE DE TODOS LOS BIENES PARA NOSOTROS (SAN PEDRO CANISIO).

Por la imagen de todos los dolores que ofrecía su Madre cuando lo tenía muerto entre sus brazos, a tal punto que aún hoy llamamos a esa escena <La Piedad>.

Por la piedra que se cerró sobre su sepulcro.

El Pase de la Llama de Amor del Corazón Inmaculado de María

Es un ritual que viene de Hungría de pasarse una llama de un cirio a diferentes velas de una mano a otra. En su ultima visita a Venezuela su Santidad el Papa Juan Pablo II introdujo este ritual eslavo en su encuentro con los jóvenes en Los Próceres.

El Obispo Nihil Obstat de Székesfehérvár, Hungría: «*Todos experimentamos cuán delicada y llena de peligros es la situación para la humanidad. El temor, la incertidumbre y el caos van creciendo de día en día. De esta situación terrible y de la que no se ve salida, quiere mostrarnos el camino a seguir la Virgen Santísima, en cuanto se apresura a venir personalmente a salvar a la humanidad. En diferentes lugares y en distintos países, a través de personas escogidas, nos da una orientación, nos descubre algún secreto por medio de señales y revelaciones, nos pone en las manos un instrumento por el cual quiere hacer que la humanidad, enredada en guerras y egoísmo, vuelva otra vez a los caminos de Dios. En Hungría la Santísima Virgen urge, ruega y suplica; a una madre de seis hijos reveló el deseo de su corazón maternal, deseo no solamente limitado a Hungría sino que debe ser conocido a través del Papa por todo el mundo. El Obispo competente presentó a la Santa Sede la petición de la Santísima Virgen. Hasta que sea tomada una decisión en este asunto, a nosotros nos toma orar, hacer sacrificios y comunicar de palabra y por escrito el anhelo de la Virgen María*».

Aquí está un pequeño fragmento del diario de esta persona que recibió el mensaje de la Santísima Virgen María. «*La Salvación del mundo por la llama de amor del Corazón Inmaculado de María*».

Viernes de dolores: Comunicación de la Santísima Virgen: Hay tanto pecado en el país. Ayúdenme, salvemos las almas. Pongo un haz de luz en vuestras manos. Esta será la llama de amor de mi corazón. Yo soy vuestra madre bondadosa y amante y en unión con vosotros os voy a salvar. San Esteban me ofreció vuestro país y le prometí que escucharía siempre su intercesión y la de los Santos de Hungría. Un nuevo instrumento quisiera poner en vuestras manos. Os pido aceptadlo con gran comprensión por que mi corazón os mira con aflicción.

Hija mía, aquí te doy la Llama de Amor de mi Corazón. Enciende con ella el tuyo y pásala por los menos a un alma.

Aquí la Santísima Virgen sollozó tanto que yo no entendía qué tenía que hacer. Todo lo he prometido, a nombre de todos, para aliviar en algo su dolor porque mi corazón también estaba por partirse».

El Secreto de la Llama de Amor de la Madre Santísima

«La Llama llena de gracias que de mi Corazón Inmaculado os he dado, pase de corazón a corazón. Este será el milagro cuya luz cegará a Satanás. Éste es el fuego de amor de unión. Vamos a apagar el fuego con el fuego, el fuego del odio con el fuego del amor. Esta gracia la he alcanzado del Padre Celestial por las llagas de mi Hijo Santo».

Mientras decía esto comprendí por una gracia maravillosa suya en que medida la voluntad de la Santísima Virgen estaba unida a la voluntad del Padre Eterno, de su Divino Hijo y de Dios Espíritu Santo. La Santísima Virgen. La Santísima Virgen prometió que estará con nosotros para que la pequeña Llama se propague por el mundo como un reguero de pólvora. La Virgen dijo:

«QUIERO QUE ASÍ COMO MI NOMBRE ES CONOCIDO POR TODO EL MUNDO, ASÍ TAMBIÉN CONOZCAN LA LLAMA DE AMOR DE MI CORAZÓN INMACULADO QUE NO PUEDO POR MÁS TIEMPO CONTENER EN MÍ, QUE SALTA CON FUERZA EXPLOSIVA HACIA VOSOTROS. CON LA LLAMA DE MI CORAZÓN CEGARÉ A SATANÁS. LA LLAMA DE AMOR DE MI CORAZÓN, EN UNIÓN CON VOSOTROS, VA ABRASAR EL PECADO Y LO DESTRUIRÁ»

Los Efectos de la Gracia de Su Llama de Amor

Escribe lo que te digo ahora: EXTIENDO LA LLAMA DE AMOR DE MI CORAZÓN SOBRE TODOS LOS PUEBLOS Y NACIONES; NO SÓLO SOBRE LOS QUE VIVEN EN LA IGLESIA CATÓLICA, SINO SOBRE LAS ALMAS DEL MUNDO ENTERO

QUE FUERON SEÑALADAS CON LA BENDITA CRUZ DE MI SANTÍSIMO HIJO. VES, HIJA MÍA, SI SE ENCIENDE LA LLAMA DE AMOR DE MI CORAZÓN EN LA TIERRA, SU EFECTO DE GRACIA SE DERRAMARÁ TAMBIÉN SOBRE LOS HOMBRES DE LA TIERRA. SATANÁS SE QUEDARÁ CIEGO Y CON LA AYUDA DE VUESTRA ORACIÓN, MIENTRAS ESTÉS EN VELA DURANTE LA NOCHE, TERMINARÁ LA TERRIBLE LUCHA DE LOS MORIBUNDOS CON SATANÁS. BAJO LA SUAVE LUZ DE MI LLAMA DE AMOR HASTA EL PECADOR MÁS EMPEDERNIDO SE CONVERTIRÁ PORQUE QUIERO QUE NI UNA ALMA SE CONDENE. ASÍ MI PETICIÓN ES: REPARTID ENTRE VOSOTROS LAS HORAS DE LA NOCHE DE MANERA QUE NINGÚN MINUTO SE QUEDE SIN QUE ALGUIEN ESTÉ VELANDO; MIENTRAS ALGUIEN ESTÁ VELANDO HACIENDO REFERENCIA A MI LLAMA DE AMOR NI UN SOLO MORIBUNDO, LO PROMETO, SE CONDENARÁ EN SU ENTORNO».

Yo os Juro a Vosotros

La Santísima Virgen me ha rogado suplicante, hagamos todo lo posible par que la Llama de su Amor se extienda por el mundo entero:

YA NO PUEDO MÁS EN MÍ, MI LLAMA DE AMOR, PERMITIDME QUE SALTE HACIA VOSOTROS DESDE YA POR FIN EL PRIMER PASO. OJALÁ VIERA YA VUESTRA ANIMOSA PARTIDA. TAN SÓLO EL PRIMER PASO ES DIFÍCIL; CREEDMELO UNA VEZ QUE ÉSTE SE HA DADO, MI LLAMA ARROLLARÁ TUMULTUOSAMENTE LA DESCONFIANZA DE LAS ALMAS, Y DESPUÉS, COMO UNA SUAVE LUZ, ILUMINARÁ LO INTERIOR DE ELLAS. QUIENES DEPONGAN TODA RESISTENCIA, ACOJAN MI LLAMA DE AMOR; EMBRIAGADOS POR LA ABUNDANCIA DE GRACIAS, ANUNCIARÁN POR TODAS PARTES COMO YO LO HABÍA DICHO, QUE TAL RAUDAL DE GRACIAS NO SE HA DADO DESDE QUE EL HIJO DE DIOS SE HIZO HOMBRE.

NO SEAS TÍMIDO; LA FUERZA PARA ACTUAR LA CONCEDO A TODOS VOSOTROS; SOLAMENTE TENÉIS QUE QUERER POR EL EFECTO DE GRACIA DE MI LLAMA DE AMOR; VUESTRAS ALMAS SE ILUMINARÁN PARA QUE VUESTRO ARRANCAR SEA VALIENTE; HACED ESTO. SOY YO QUIEN LO RUEGO.

Los Necesito a Todos

MI CORAZÓN ARDE DEL AMOR QUE SIENTO HACIA VOSOTROS. YA NO PUEDO CONTENER EN MÍ; MI AMOR CON FUERZA EXPLOSIVA SALTA HACIA VOSOTROS. YO SOY VUESTRA MADRE; PUEDO AYUDAR Y QUIERO AYUDARLOS PERO PARA ESO NECESITO DE VUESTRA AYUDA. DEBÉIS ESFORZAROS POR CEGAR A SATANÁS, OS NECESITO A TODOS, INDIVIDUAL Y COLECTIVAMENTE. NO OS DEMORÉIS

PORQUE SATANÁS SE QUEDARÁ CIEGO EN LA MEDIDA EN QUE VOSOTROS OS AFANÉIS EN CONSEGUIRLO. PARA COMENZAR, OS CONCEDO UNA FUERZA ADMIRABLE PARA TODOS Y PARA CADA UNO EN PARTICULAR. LA RESPONSABILIDAD ES GRANDE. PERO VUESTRO TRABAJO NO SERÁ EN VANO SI TODO EL MUNDO SE UNE. CONMIGO LA SUAVE LUZ DE MI LLAMA DE AMOR SE ENCENDERÁ Y PRENDERÁ FUEGO EN TODA LA REDONDEZ DE LA TIERRA. SATANÁS SERÁ HUMILLADO, HECHO IMPOTENTE, Y NO PODRÁ EJERCER YA SU PODERÍO. SÓLO OS PIDO QUE NO QUERÁIS ALARGAR ESTE TIEMPO DE PREPARACIÓN. NO, NO TE DÉIS MÁS PRÓRROGAS. NO OS QUEDÉIS PASIVOS FRENTE A MI CAUSA SANTA.

A TRAVÉS DE POCOS, POR LOS PEQUEÑOS, DEBE COMENZAR ESTA EFUSIÓN GRANDE DE GRACIAS QUE CONMOVERÁ AL MUNDO. TODO EL QUE RECIBA ESTE MENSAJE, TÓMELO COMO UNA INVITACIÓN Y NADIE SE MOLESTE CON ELLA O LA REHÚSE. TODOS VOSOTROS SOIS MIS HIJOS Y YO SOY PARA TODOS UNA MADRE. ROGAD A SAN JOSÉ EL CASTO ESPOSO; EL OS AYUDARÁ A BUSCAR HOSPEDAJE PARA MI LLAMA DE AMOR EN LOS CORAZONES DE LOS HOMBRES

¿Que Podemos hacer para Colaborar con la Santísima Virgen?

Los medios recomendados: *Si asistes a la Santa Misa cuando no hay obligación y estás en gracia de Dios, derramaré la Llama de Amor de mi Corazón y cegaré a Satanás durante este tiempo y mis gracias afluirán abundantemente a las almas por quienes las ofrecéis. La participación en la Santa Misa es lo que más ayuda a cegar a Satanás.* LA FUERZA DE LA PRECIOSA SANGRE DE JESÚS. *Durante la Santa Misa y después de la Sagrada Comunión, Jesús me habló de la fuerza de su preciosa sangre:*

MI MESA ESTÁ SIEMPRE PUESTA YO, EL ANFITRIÓN, HE SACRIFICADO TODO, ME DOY YO MISMO A VOSOTROS. MIRAR A VUESTRAS ALMAS DESPUÉS DE RECIBIR MI SAGRADA SANGRE Y DAOS CUENTA DE LA EFERVESCENCIA QUE ELLA OBRA EN VOSOTROS. NO SEÁIS INSENSIBLES.

Oración a la Virgen

OH VIRGEN MARÍA, PODEROSA GRANDE E ILUSTRE DEFENSORA DE LA IGLESIA, SINGULAR PROTECTORA DE LOS CRISTIANOS, TERRIBLE COMO UN EJÉRCITO ORDENADO EN BATALLA, SON LAS ESPADAS QUE TÚ GUARDAS CONTRA EL ENEMIGO. TÚ SOLA HAS TRIUNFADO EN TODAS LAS HEREJÍAS DEL MUNDO. OH

MADRE, EN NUESTRAS ANGUSTIAS, EN NUESTRAS LUCHAS, EN NUESTROS APUROS, LÍBRANOS DEL MALIGNO ENEMIGO Y EN LA HORA DE NUESTRA MUERTE, LLÉVANOS AL PARAÍSO. AMÉN.

Consagración a los Niños

OH VIRGEN MARÍA ROSA MÍSTICA, HOY QUISIERA CONSAGRARME ENTERAMENTE A TI, OFRECIÉNDOTE CUANTO TENGO Y CUANTO HAY EN MI CORAZÓN, HAZME CRECER BUENO, PURO Y FUERTE; AUMENTA MI FE, ESPERANZA Y CARIDAD, Y SÉ PARA MÍ EN TODO MOMENTO MADRE BUENA Y CAMINO SEGURO HACIA EL CIELO. Y YO LLEVARÉ CON ORGULLO TU ROSA BLANCA. AMÉN.

Consagración a los Jóvenes

OH VIRGEN MARÍA ROSA MÍSTICA, YO TE CONSAGRO MI VIDA, HAZ QUE SEA FERVIENTE, RECTO Y PURO. TE OFREZCO MI ESTUDIO Y TRABAJO CON TODOS LOS ESFUERZOS Y SACRIFICIOS QUE EL CUMPLIMIENTO DEL DEBER IMPONEN. TE OFREZCO MI APOSTOLADO ACTUAL, SU DESARROLLO POSTERIOR EN EL PUESTO QUE LA PROVIDENCIA ME DEPARE. ALCÁNZANOS, VIRGEN SANTA, A MÍ Y A TODOS MIS AMIGOS, UNA GENEROSIDAD ALEGRE Y UNA ENTREGA TOTAL AL SERVICIO DE DIOS Y LA IGLESIA. Y NOSOTROS CON ORGULLO LLEVAREMOS TU ROSA ROJA.

Consagración a la Familia

VIRGEN MADRE DE LA IGLESIA, INSPIRADORA Y GUÍA DE NUESTRA FAMILIA, NOSOTROS NOS PONEMOS BAJO TU PROTECCIÓN MATERNA Y FIELES A LA VOCACIÓN CRISTIANA TE PROMETEMOS TRABAJAR SIEMPRE PARA MAYOR GLORIA DE DIOS Y SALVACIÓN DEL MUNDO. CONFIANDO EN TU INTERCESIÓN, TE ROGAMOS, POR LA IGLESIA, NUESTRA PATRIA Y NUESTRA FAMILIA, POR LOS JÓVENES, SOBRE TODO LOS MÁS POBRES Y POR TODOS LOS QUE CRISTO HA REDIMIDO. TÚ, QUE FUISTE LA MAESTRA DE LOS GRANDES SANTOS ENSÉÑANOS A IMITAR SUS VIRTUDES, ESPECIALMENTE LA UNIÓN CON DIOS, SU VIDA CASTA, HUMILDE Y POBRE, SU AMOR AL TRABAJO Y A LA TEMPLANZA, LA BONDAD Y ENTREGA ILIMITADA A LOS HERMANOS Y SU FIDELIDAD AL PAPA Y A LOS PASTORES DE LA IGLESIA. CONCÉDENOS SANTÍSIMA VIRGEN MARÍA ROSA MÍSTICA, QUE NUESTRO SERVICIO AL SEÑOR SEA FIEL Y GENEROSO HASTA LA MUERTE, PARA QUE PODAMOS LLEGAR A LA ALEGRÍA DE LA COMUNIÓN PLENA EN LA CASA DEL PADRE. Y LLEVAREMOS CON ORGULLO TU ROSA DORADA. AMÉN.

La Virgen de la Macarena

Capítulo III

Advocaciones en Latinoamérica

Nuestra Señora de Luhan, Argentina

Cerca de Buenos Aires se halla la villa de Luján. Se cuenta que en 1630 el lugar era sólo un camino frecuentado únicamente por las caravanas de carretas y las recuas de mulas tucumanas que bajaban o subían del puerto de Buenos Aires.

En una oportunidad, un portugués dueño de una cabaña, decidió erigir en ese lugar una capillita dedicada a la Virgen Inmaculada Concepción. Entonces le pidió a un amigo brasileño que le enviara una imagen pequeña de la Virgen. Su amigo le envió dos imágenes en bulto: una que representaba a MARÍA en su Inmaculada Concepción y que hoy se venera en el santuario de Luján y otra que tenía en sus brazos al Niño JESÚS y ahora es venerada en Sumampa.

Partió entonces de Buenos Aires el encargado de conducir las imágenes. Mientras se dirigían al lugar una tarde al tercer día, la caravana se detuvo para pasar la noche y al día siguiente, el conductor de las imágenes preparó los bueyes para proseguir el viaje, pero éstos no se quisieron mover. Pidió ayuda a unos peones, pero éstos no pudieron moverla tampoco. Finalmente, juzgaron que era necesario aliviar el peso de la carreta. Descargaron las imágenes y en ese momento los bueyes pudieron moverse con facilidad. Queriendo cerciorarse si el obstáculo provenía de las imágenes, las pusieron nuevamente en la carreta y nuevamente no la pudieron mover. Entonces viendo que las imágenes se querían quedar en aquel lugar, decidieron que una de ellas permaneciera en la Cañada y la entregaron al dueño de esas tierras. La fama del lugar corrió hasta Buenos Aires y no faltaron quienes emprendieron un viaje a Luján para contemplar la imagen.

En 1887 la imagen fue coronada canónicamente por el Papa LEÓN XIII. Y su fiesta se celebra el 8 de mayo.

Nuestra Señora de Aparecida, Brasil

A unos cuantos kilómetros de Guaratinguetá, Estado de Sao Paulo, se encuentra el pueblo de la Aparecida, que debe su nombre y origen al Santuario de la Virgen que fue levantado en 1743.

En octubre de 1716, pasaba por Guaratinguetá con rumbo a Minas, el gobernador de San Pablo, PEDRO DE ALMEIDA Y PORTUGAL. Los pescadores de la zona querían ofrecerle una fiesta, por lo que salieron a pescar; tendieron sus redes al río Parahiba, pero no lograron mayor pesca. Viendo esto, uno de ellos llamado JUAN ALVES, corrió hasta el lugar denominado Itaguassú y habiendo allí lanzado sus avíos de pesca, sacó del primer lance entre las mallas de su red una imagen de la Virgen a la que falta la cabeza. Volvió de nuevo a lanzar la red en otra dirección y esta vez logró aprisionar la cabeza de la imagen.

Lleno de asombro ante tal hallazgo, dirigió su barca hacia la orilla y después de limpiarla descubrió que era una Virgen Inmaculada. Sus compañeros animados por este suceso volvieron a echar sus redes, consiguiendo una abundante pesca. Aún se ignora el cómo vino a parar al río esta imagen. Los pescadores se llevaron a la imagen y en la casa de uno de ellos, la arreglaron e hicieron un altar. Más tarde otro pescador, al trasladarse a Itaguassú, construyó en su casa un oratorio y en él puso la imagen, ante la cual los vecinos se reunían para rezar el rosario y entonar cantos a la Virgen. En 1904 fue coronada canónicamente, y en 1930 Pío XII la nombró Patrona de Brasil. Su fiesta Principal es el 12 de octubre.

Nuestra Señora de Chiquinquirá, Colombia

Cuenta la tradición que entre los primeros conquistadores del Nuevo Reino de Granada, ANTONIO DE SANTANA, encomendero de los pueblos de Suta y Chiquinquirá, era devoto de la Virgen del Rosario. Por este motivo fabricó en el pueblo de Suta en su dormitorio una pequeña capilla como era costumbre de los adinerados de la época. Mandó pintar una imagen de Nuestra Señora del Rosario en una manta de algodón. Era la manta más ancha que larga; y para que no quedasen en blanco los campos que quedaban a ambos lados de la Madre de Dios, mandó pintar a san Andrés Apóstol y a san Antonio de Padua, uno a cada lado.

Luego que recibió la imagen, acomodó el lienzo en un bastidor de madera y lo expuso en el altar de la capilla. Pasaron algunos años y el desaseo y la humedad deterioraron el lienzo, que apareció roto por varias partes; la pintura estaba casi borrada. A la muerte de don Antonio, su viuda, se trasladó a Chiquinquirá llevándose consigo el cuadro al que colocó en una capilla.

Diez años más tarde vino a aquel lugar la cuñada del difunto Santana, María Ramos, quien reparó el cuadro y lo expuso en el mejor lugar de la capilla. Un viernes, 26 de diciembre de 1586, se disponía a salir de la capilla, cuando una india cristianizada le llamó la atención hacia la imagen, que aparecía rodeada de vivos resplandores. Volvió el rostro María Ramos y fue grande su asombro al advertir la transformación que se había obrado en el lienzo; los colores, antes tan borrosos y desteñidos, aparecían ahora vivos y claros.

Pío VII la declaró patrona de Colombia en 1829 y fue coronada canónicamente en 1919. Su fiesta es el 9 de julio.

Y es la Patrona del Estado Zulia en Venezuela a quien cariñosamente llaman «La Chinita».

Nuestra Señora de Guadalupe, México

Un sábado 9 de diciembre, el indio Juan Diego, recién convertido a la fe católica, se dirigió al templo para oír Misa. Al pie de un cerro pequeño llamado Tepeyac, vio una nube blanca y resplandeciente y oyó que lo llamaban por su nombre. Vio a una hermosa Señora quien le dijo ser «la siempre Virgen María, Madre de Dios», y le pidió que fuera donde el Obispo para pedirle que en aquel lugar se le construyera un templo. Juan Diego se dirigió a la casa del obispo Fray Juan de Zumárraga y le contó todo lo que había sucedido. El obispo oyó con admiración el relato del indio y le hizo muchas preguntas, pero al final no le creyó.

De regresó a su pueblo Juan Diego se encontró de nuevo con la Virgen María y le explicó lo ocurrido. La Virgen le pidió que al día siguiente fuera nuevamente a hablar con el obispo y le repitiera el mensaje. Esta vez el obispo, luego de oír a JUAN DIEGO, le dijo que debía ir y decirle a la Señora que le diese alguna señal que probara que era la Madre de Dios y que era su voluntad que se le construyera un templo.

De regreso, JUAN DIEGO halló a MARÍA y le narró los hechos. La Virgen le mandó que volviese al día siguiente al mismo lugar pues allí le daría la señal. Al día siguiente, JUAN DIEGO no pudo volver al cerro pues su tío JUAN BERNARDINO, estaba muy enfermo. La madrugada del 12 de diciembre, JUAN DIEGO marchó a toda prisa para conseguir un sacerdote a su tío, pues se estaba muriendo. Al llegar

Pintura de La Virgen de Guadalupe que emana aroma de flores

al lugar por donde debía encontrarse con la Señora, prefirió tomar otro camino para evitarla. De pronto MARÍA salió a su encuentro y le preguntó adónde iba. El indio avergonzado le explicó lo que ocurría. La Virgen dijo a JUAN DIEGO que no se preocupara, que su tío no moriría y que ya estaba sano. Entonces el indio le pidió la señal que debía llevar al obispo. MARÍA le dijo que subiera a la cumbre del cerro donde halló rosas de Castilla frescas y poniéndose la tilma, cortó cuantas pudo y se las llevó al obispo.

Una vez ante Monseñor ZUMARRAGA, JUAN DIEGO desplegó su manta, cayeron al suelo las rosas y en la tilma estaba pintada con lo que hoy se conoce como la imagen de la Virgen de GUADALUPE. Viendo esto, el obispo llevó la imagen santa a la Iglesia Mayor y edificó una ermita en el lugar que había señalado el indio.

Pío X la proclamó como <Patrona de toda la América Latina>; Pío XI, de todas las «Américas»; Pío XII, la llamó <Emperatriz de las Américas> y JUAN XXIII, <La Misionera Celeste del Nuevo Mundo> y <la Madre de las Américas>.

En la Actualidad se están realizando estudios científicos, por que al parecer en la retina de los ojos de la Virgen se ve la imagen del indio en negativo y en esa época era imposible la pintura microscópica. Su fiesta principal se celebra el mismo día de Navidad, el 12 de diciembre.

Nuestra Señora de los Ángeles, Costa Rica

En Cartago, Costa Rica se encuentra uno de los más importantes santuarios de Centro América en el cual es venerada la imagen de NUESTRA SEÑORA DE LOS ÁNGELES. La imagen es de piedra y pequeña; sostiene al Niño JESÚS en sus brazos y está vestida a la usanza española.

El 2 de agosto de 1635 salió una india anciana a recoger leña seca, y vio sobre una peña una imagen de MARÍA con el Niño JESÚS en los brazos. Sorprendida ante este hallazgo inesperado, la tomó y se la llevó a su casa. Volvió al día siguiente al monte, y su asombro fue grande al ver la imagen en el mismo sitio en que la había hallado el día anterior. Pensó que se trataba de una broma, por lo que la volvió a agarrar, la llevó a su casa y la guardó. Al día siguiente ocurrió lo mismo y llena de temor fue donde el sacerdote del pueblo a contarle lo ocurrido. El sacerdote le pidió a la anciana que le trajera la imagen. Así lo hizo, pero la imagen desapareció nuevamente de casa del sacerdote y volvió a ser hallada en el monte. Pronto se difundió la noticia del maravilloso suceso y se resolvió trasladar a la imagen a la parroquia. Muy pronto se empezó a difundir entre la población la veneración a la santa imagen a quien se le llamaba NUESTRA SEÑORA DE LOS ÁNGELES, por haberse aparecido el día en que la Iglesia celebra a la Virgen de este nombre. A los pocos días, la imagen desapareció del lugar en que la habían colocado y fue nuevamente hallada sobre la roca de la primera aparición. Comprendieron entonces que el deseo de la Virgen era que se erigiera un templo en aquel lugar. La gente comenzó a llamarla <La Negrita> que es como se le conoce en Costa Rica. Fue coronada solemnemente el 25 de abril de 1926, y su celebración es el 2 de agosto.

Nuestra Señora de La Paz, El Salvador

En la iglesia de San Miguel en El Salvador, se venera la imagen de NUESTRA SEÑORA DE LA PAZ. La Virgen tiene en su brazo izquierdo al Niño JESÚS y en el derecho una rama de palma u olivo, como símbolo de la paz.

Cuenta la historia que la intercesión de la Virgen de la Paz fue determinante para la pacificación del país, agitado por las luchas entre monualcos y migueleños en enero de 1833.

Estos últimos fueron derrotados por el coronel BENÍTEZ, quien junto a sus tropas entró en la ciudad San MIGUEL. Queriendo dar testimonio de su benevolencia hacia los migueleños y sustentar la paz sobre una base sólida, mandó sacar del atrio de la iglesia parroquial la venerada imagen de NUESTRA SEÑORA DE LA PAZ.

Luego de alinear sus tropas en torno a la imagen, se postró ante ésta y colocó su espada a los pies de la Virgen, tomándola por testigo. El coronel BENÍTEZ volvió a tomar su espada y después de haberle rendido homenaje a la Virgen la regresó a su Santuario. El pueblo entero, al ver el gesto del coronel, depusieron también las armas e hicieron un juramento de no hacer más la guerra. Desde este momento, llegó la paz a la región y cesaron las revueltas. La imagen de NUESTRA SEÑORA DE LA PAZ fue coronada canónicamente el 21 de noviembre de 1921. Su celebración se realiza en la misma fecha.

Nuestra Señora del Rosario, Guatemala

Se celebra el 7 de octubre en la ciudad de Guatemala. En el templo de Santo DOMINGO se encuentra la imagen de NUESTRA SEÑORA DEL ROSARIO. La imagen fue hecha totalmente en plata; data del año 1592 y fue elaborada por encargo del dominico Fray LÓPEZ DE MONTOYA. La Virgen tiene un hermoso rostro que, según cuentan los devotos, cambia su color rosado encendido a otro mucho más pálido cuando surge algún conflicto o se aproxima alguna desgracia para la nación.

La imagen lleva una gran rosario en la mano derecha y la otra sostiene al Niño que parece querer escaparse de su abrazo. La tradición cuenta que la Virgen salió a recorrer América y el Niño se durmió al llegar a Guatemala; por eso se quedó en la imagen así.

Los caudillos de la independencia la escogieron en 1821 como Patrona cuando, reunidos en los claustros de Belén, bajo las órdenes de JUAN DE LA CONCEPCIÓN, determinaron liberar a su país. Durante el tiempo de la Colonia su cofradía fue una de las más grandes de todo el territorio. LA VIRGEN DEL ROSARIO fue solemnemente proclamada Reina de Guatemala en 1833 y coronada canónicamente el 28 de enero de 1934.

Nuestra Señora de Suyupa, Honduras

Se celebra el 3 de febrero. Se cuenta que en 1747, que un grupo de indios, regresaban a su aldea después de una cacería, cuando les cayó la noche y decidieron quedarse allí para acampar junto al camino. El jefe del grupo empezó a limpiar el terreno para acomodar a sus hombres, cuando en el suelo tocó un objeto duro que despertó su curiosidad. Lo desenterró y, al día siguiente, pudo ver que se trataba de una pequeña estatua de la Virgen MARÍA. Asombrados por el hallazgo, los indios se apresuraron a llevar la imagen a la vecina aldea de Suyapa, donde enseguida ganó la veneración de todos los indígenas. Se dice que la imagen comenzó a obrar milagros y se le erigió una ermita que poco a poco se convirtió en un pequeño y concurrido templo. La estatua es pequeña: no mide más que seis centímetros y medio de alto.

En 1925 Pío XII la declaró Patrona de la República de Honduras y se escogió el 3 de febrero como el día de su fiesta.

Nuestra Señora del Viejo, Nicaragua

En Chinandega, Nicaragua se halla situada la parroquia de El Viejo, en la cual se venera la imagen de la INMACULADA CONCEPCIÓN DE MARÍA. La historia dice que la imagen de Nuestra Señora de <El Viejo>, como se le dice, fue traída de España por un pariente de Santa TERESA, quien fue nombrado gobernador de la provincia en Nicaragua. Y la misma santa le entregó la imagen antes de viajar a las Indias. Desde el momento en que llegó a la ciudad, la población empezó a rendirle culto a la imagen por lo que el gobernador instaló un oratorio en su casa. Cuando terminó su mandato por ser un señor de edad avanzada, y a pesar de las súplicas del pueblo, decidió llevarse la imagen con su regreso a España. Sin embargo, el día cuando salía del puerto tuvo que regresar por mal tiempo. Este hecho —que ocurrió dos veces más— lo indujo a pensar que el plan de Dios era que la imagen permaneciera en Nicaragua. Desde ese día la población empezó a venerar a la imagen y celebran su fiesta todos los 8 de diciembre.

Nuestra Señora de Caacupé, Paraguay

A finales del siglo XVI, un indio converso, de oficio escultor, se internó en la selva y se encontró con un grupo de indios Mbayaes que quisieron matarlo cuando lo vieron, pero logró escapar escondiéndose en un tronco, y empezó a pedirle a la Virgen que pudiera salir con vida de ese apremio. Libre de aquel riesgo, labró una imagen con el mismo tronco que le había cobijado, como le prometió a la Virgen. En el año 1603, el lago Tapaicuá se desbordó e inundó todo el valle de Pirayú, arrasando todo lo que estaba a su paso, incluso la imagen de la Virgen. Sin embargo, al retroceder las aguas, milagrosamente apareció la imagen de la Virgen que el indio había labrado. Los pobladores comenzaron a difundir culto y comenzaron a venerarla con el nombre de VIRGEN DE LOS MILAGROS. Un devoto vecino, llamado JOSÉ y carpintero de oficio, le labró una modesta ermita y en ella empezó a recibir culto la VIRGEN DE CAACUPÉ.

La imagen de Nuestra Señora de Caacupé es pequeña, de poco más de cincuenta centímetros. Es Inmaculada y sus pies descansan sobre una pequeña esfera, ciñiendo su talle una faja blanca de seda.

Todos los 8 de diciembre se celebra la fiesta de María de Caacupé y los peregrinos llegan por millares al Santuario la «Virgen Azul de Paraguay».

Nuestra Señora de La Divina Providencia Puerto Rico

La devoción a Nuestra Señora de la Divina Providencia se originó en Italia en el siglo XIII. Fue una devoción muy popular y luego llegó hasta España, donde se le levantó un santuario en Tarragona, Cataluña. Al ser nombrado obispo Monseñor Gil Estévez y Tomás, llevó consigo la devoción a Puerto Rico. La imagen que el Obispo mandó a tallar fue hecha en Barcelona. Es una hermosa imagen sentada que muestra a la Virgen inclinada sobre el niño dormido en su regazo. Las manos de la Virgen se unen en oración, mientras sostiene la mano izquierda del niño.

El Papa Pablo VI la declaró Patrona principal de la Isla de Puerto Rico el 19 de noviembre de 1969, el día en que se celebra su fiesta.

Nuestra Señora de las Mercedes, República Dominicana

Nuestra Señora de las Mercedes es la devoción más antigua de toda América. En marzo de 1495, Cristóbal Colón, acompañado de unos cuantos españoles, tuvo que enfrentar a un crecido número de indios guerreros; levantaron una trinchera y junto a ella colocaron una gran cruz de madera. Luego del ataque, los indios lograron desalojar a los españoles, quienes de inmediato se replegaron a un cerro. Mient ras tanto, los indios prendieron fuego a la cruz y con hachas intentaban destruirla, pero no pudieron lograrlo.

Viendo la agresividad de los indios, Colón y la mayoría de la tropa decidieron retirarse del lugar. Sin embargo el mercedario Fray Juan Infante, confesor de Colón, que llevaba consigo una imagen de Nuestra Señora de las Mercedes, donativo de Isabel la Católica, exhortó a los españoles a seguir combatiendo y les prometió la victoria en nombre de la Virgen María. Al día siguiente, las fuerza de Colón obtuvieron una increíble victoria frente a los indios, quienes se dispersaron por los montes. Luego de este suceso, se construyó un santuario a la Virgen de las Mercedes en la misma cumbre del cerro donde Colón colocó la milagrosa cruz.

Virgen de los Treinta y Tres, Uruguay

En Uruguay existió un pueblito llamado El Pintado, y hoy Villa Vieja, cerca de la de la ciudad de Florida. Allí se erigió, a finales del siglo XVIII, una capilla que recibió el nombre de Capilla del Pintado. En ella se rendía culto a una Virgen de la Inmaculada Concepción, que según se dice, había sido enviada por los jesuitas desde Paraguay. Los vecinos de la comunidad construyeron la parroquia y los pobladores, se consagraron a su Patrona bajo la Advocación de Nuestra Señora de Luján. Su primer párroco, el presbítero Santiago Figueredo, en vista de la pobreza y aridez de aquellos terrenos, resolvió trasladar la parroquia a otro lugar más cómodo y propicio para el culto de la Virgen. Acudió al Cabildo de Montevideo y una vez obtenido el permiso, los vecinos de El Pintado se trasladaron a la que hoy es la ciudad de Florida.

En este lugar se construyó otra capilla y se colocó a la Virgen de Luján. Al pie de esa imagen, el 25 de mayo de 1825, se inició la lucha por la independencia de Uruguay. El mismo año los jefes orientales inclinaron la bandera tricolor ante la imagen de la Virgen, llamada desde entonces la Virgen de los Treinta y Tres. El 25 de agosto los convencionales del Congreso de la Florida, después de suscribir el acto de la independencia en un rancho situado al lado de la Iglesia de la Virgen, se dirigieron a Ella y arrodillados al pie de la sagrada imagen, le pidieron que fortaleciera sus corazones y les diera valor para llevar a feliz término sus anhelos de emancipación. El triunfo coronó sus esfuerzos y la devoción a la Virgen de los 33 quedó ligada a la independencia del Uruguay.

La imagen fue coronada canónicamente en 1961, por el Papa Juan XXIII, quien al año siguiente la proclamó oficialmente <Patrona del Uruguay>. La fiesta de la Virgen de los Treinta y Tres se celebra el segundo domingo de noviembre con una peregrinación a su Santuario desde todos los lugares de la nación. Su fiesta es siempre el segundo domingo de noviembre.

Nuestra Señora de Coromoto, Venezuela

Desde mediados del siglo XVII los religiosos capuchinos empezaron la evangelización de la comarca de Guanare. En una de las tribus indígenas evangelizadas se originó el culto a NUESTRA SEÑORA DE COROMOTO. Según cuenta la tradición, cuando se disponían los indios Cospes a ser bautizados, el cacique se negaba rotundamente a participar. En septiembre de 1651, el cacique se encontró con un vecino de la villa del Espíritu Santo, llamado JUAN SÁNCHEZ y durante la conversación el indio le contó que una Señora muy hermosa se le había aparecido en una quebrada y le había dicho que recibiera el

Nuestra Señora de Coromoto, Patrona de Venezuela

agua del Bautismo. Juan Sánchez le exhortó a seguir las indicaciones de la aparición y prosiguió su ruta.

Al mismo tiempo, algunos niños, hijos de los conversos, confesaron que una Señora muy bella se les aparecía cuando iban a recoger agua. Esto hizo que los indios miraran con respeto aquel lugar y que utilizaran el agua que allí manaba para curar a sus enfermos. Sin embargo, pasó un año y el cacique no daba muestras de querer convertirse a la fe cristiana. El 8 de setiembre de 1652, la Virgen se le apareció al cacique, en la misma puerta de su choza y según se cuenta éste la amenazó con su arco, pero la Virgen le cegó con sus resplandores y desapareció, dejando en sus manos una pequeña imagen suya. Luego de esto, el cacique se convirtió y se bautizó. Juan Sánchez al tener noticia del suceso, mandó recoger la imagen y desde entonces se la comenzó a venerar bajo el título de Nuestra Señora de Coromoto.

El 7 de octubre de 1944, el Papa Pío XII la declaró <Patrona de la República de Venezuela> y su coronación canónica se celebró tres siglos después de la aparición, en 1952. Y el Papa Juan Pablo II la coronó en su templo de Guanare, en Venezuela.

Los venezolanos celebran su fiesta tres veces al año, el 2 de febrero y el 8 y 11 de septiembre.

Las Advocaciones Marianas en el Mundo

Las advocaciones son las diferentes formas en que se llama a la Virgen María. La Virgen es una sola la madre de Jesús Cristo; pero según donde haya aparecido, o como haya sido vista según la narración de los videntes, el cómo la vieron, cómo estaba vestida, con mantilla sobre la cabeza o no, o si tenia el Niño Jesús cargado en sus brazos, o si portaba un cetro o un rosario en las manos, o si se le vio un corazón o una llama ardiendo, un Mundo con cruz, o si estaba parada, o sentada, o sobre una luna, o sobre un dragón, o coronada de estrellas, o con halo... así entonces, según la región donde haya aparecido, y la forma en que haya sido vista, es que las personas empiezan a ponerle nombre y a bautizarla y por costumbre de los pueblos la convierten en su patrona protectora a quien veneran, y por eso es que se conocen distintas formas de llamar a

la ÚNICA VIRGEN MARÍA como por ejemplo: en Italia, María Auxiliadora; en México, Nuestra Señora de Guadalupe; en Nazareth, Israel, Nuestra Señora de la Asunción; en Israel también, Nuestra
Señora del Carmelo; en Efeso, Turquía, Meryen Ana; en Ecuador,
Nuestra Señora de la Merced, Nuestra Señora de Guápulo, Nuestra Señora de Quinche, Nuestra Señora de la Nube, la Dolorosa
del Colegio, Reina de Santísimo Rosario de Agua Santa, La Santísima Virgen del Cisne, Nuestra Señora del Guayco; Nuestra Señora del Rocío en Biblian y la Virgen del Cajas, Nuestra Señora de los
Molinos; en Colombia, Nuestra Señora de la Peña, Nuestra Señora del Rosario de Chiquinquirá, Nuestra Señoras de las Lajas, Nuestra
Señora de la Evangelización, Perú; Nuestra Señora de Luján, Argentina; Nuestra Señora de Maipú, Argentina; Nuestra Señora de
Andacollo, Chile; La Virgen de los Treinta y tres, Florida, Uruguay;
Nuestra Señora de Aparecida, Brasil; Nuestra Señora de Copaca-
bana, Bolivia; Nuestra Señora de Suyapa, Honduras; Nuestra Señora de Coromoto, Guanare, Venezuela; La Virgen del Valle, Margarita, Venezuela; La Virgen de la Chiquinquirá (<La Chinita>) Maracaibo, Venezuela; La Virgen de la Divina Pastora, Lara, Venezuela; La Virgen de la Paz, Trujillo, Venezuela; La Virgen de la
Alma Consagradas, Los Teques, Venezuela; La Virgen Reconciliadora de Todos los Pueblos, Betania, Venezuela; Virgen del Tocuyo,
Venezuela; Nuestra Señora de Altagracia, Santo Domingo; Nuestra Señora de los Ángeles, Cartago, Costa Rica; Nuestra Señora
de la Caridad Del Cobre, Cuba; Nuestra Señora Madre de la Divina
Providencia, Borinquen, Puerto Rico; Nuestra Señora de Caacupé,
Paraguay; Nuestra Señora del Rosario del Cabo, Canadá; Santa
María La Mayor, La Virgen de las Rocas, Roma, Italia; La Virgen
de la Corona, Verona, Italia; Nuestra Señora del Pilar, España; La
Virgen de Montserrat, Cataluña, España; Nuestra Señora de Lour-
des, Francia; Nuestra Señora de Fátima, Portugal; La Virgen de
Teitum, Egipto; La Virgen de Akita, Japón; La Virgen del Ranchi-
llo, Lubock, Texas, USA; La Virgen Negra de Einsiedeln, Suiza; La
Virgen de los Pobres; Banneux, Bélgica; La Virgen Negra de
Czestochwa, Polonia; La Virgen Vladmir, Zavanystya, Hrushive,
Ukrania; La Virgen de Julka, Yugoslavia; La Virgen de Chiang Si,
China; La Virgen de Mariapocs, La Llama de Amor, Hungría; La

Virgen de Janois, Lithuania; Nuestra Señora de África, Argelia; Virgen de Cameroon; Nuestra Señora del Lago Togo, África Occidental; La Virgen Kibeho, Ruanda; La Virgen de Blue Montain, Austria; Nuestra Señora de Damascus, Syria; La Virgen de Naju, Korea; La Virgen Negra de Poponguine, Senegal; Nuestra Señora de la Salud, Vailankanni, India; Nuestra Señora de Sheshan, China; Nuestra Señora de La-Vang y Binh Loi en Vietnam; Nuestra Señora del Perpetuo Socorro, Roma, Italia; Nuestra Señora de San Juan de los Lagos, Jalisco; Nuestra Señora del Roble, Monterrey; Nuestra Señora Ocotlá Tlaxcala, Nuestra Señora de los Remedios, Nuestra Señora de la Bala, Ciudad de México; Nuestra Señora de Zitácuaro, Michoacán; Nuestra Señora de Guanajuato, México; Nuestra Señora de Zapopan, Jalisco, México; Nuestra Señora de la Defensa, Puebla, México; Nuestra Señora de la Soledad, Guanajuato, México; Nuestra Señora de la Bufa, Zacatecas, México; Nuestra Señora del Pueblito, Querétaro, México; La Virgen de Soriano, Querétaro, México; Nuestra Señora del Rosario de Talpa, Jalisco, México; Nuestra Señora de Aránzazu, Jalisco, México; Nuestra Señora del Rosario, Puebla, México; Nuestra Señora de la Salud, Michoacán, México; Nuestra Señora de Guanajuato, Guanajuato, México; Nuestra Señora de la Luz; Guanajuato, México; Nuestra Señora de Izamal, Mérida, México; Nuestra Señora de la Altagracia, Nicaragua, Nuestra Señora de la Antigua, Nicaragua; Nuestra Señora de las Mercedes, Nicaragua; Nuestra Señora de Sopetrán, Nicaragua; Nuestra Señora de Tarivá, Nicaragua; La Virgen Hallada, Nicaragua; Nuestra Señora de las Antiguas, Granada, España; Nuestra Señora del Rocío, Huelva, España; Nuestra Señora del Rosario de San Nicolás, Argentina; Nuestra Señora de las Islas Canarias, Argentina; Nuestra Señora del Adviento; Virgen MARÍA ROSA MÍSTICA Madre de la Iglesia, Montichiari, Italia.

Conclusión

Mi propósito es dar a conocer el misterio que rodea las peregrinaciones, en Venezuela y en el mundo, de la Virgen MARÍA ROSA MÍSTICA, quizás por estar muy ligado a unas cuantas familias a quienes la vida les ha cambiado, quizás por el contacto directo con las peregrinaciones con la ROSA MÍSTICA y las maravillosas manifestaciones de las que tengo conocimiento, que he presenciado y experimentado, y porque los conozco y doy testimonio de que son personas serias, es como decidí sumergirme en *este-no-sé-qué* de lo que está pasando. Esta gran bendición, que sin duda lo es, es el misterio; misterio que persiste en seguir siendo misterio. Lo que ha pasado no tiene explicación y si la tiene yo no lo sé; a veces nuestros sentidos nos engañan y vemos lo que queremos ver, y escuchemos lo que queremos oír; pero, ¿cómo explicar que suceda la desaparición de nueve tumores cancerosos en un paciente que nunca recibió tratamientos de radiación, ni quimioterapia y sin la intervención de la mano del hombre y a través de la oración?

Por eso, me mantengo al margen; yo sólo escribo lo escuchado y mis experiencias me las reservo; no conozco las motivaciones que dieron origen a todas estas revelaciones o, como dicen los testimonios de fe, no sé cuantas de ellas son verdaderas o falsas... o que ellos vieron lo que quisieron ver y esperaban ver por su necesidad y fe. No seré yo quien juzgue lo que es o no es verdad. Lo que ha pasado está allí; esa es la prueba. Cantidad de reportajes en revistas, diarios, entrevistas por radio y televisión, cientos de personas en las peregrinaciones, cadenas interminables de listados en espera de las visitas de la Virgen peregrina, Iglesias llenas de fieles cuando son visitadas por la ROSA MÍSTICA, oraciones y rosarios en plazas públicas, la reactivación de la fe, un creciente comercio religioso. Todo esto es un indicativo de que algo extraño está sucediendo; que hay un misterio verdadero que rodea a esta MARÍA ROSA MÍSTICA y, en especial, en Venezuela. MARÍA ROSA MÍSTICA, <la peregrina>, como la llaman, realmente peregrina por toda la América; ha entrado ya en Colombia por colombianos residentes en Venezuela u otros y en ese país también se tienen estadísticas de experiencias o «fenómenos paranormales». Igualmente ha pasado por Brasil, Perú y, en su peregrinar, hasta la Argentina y Chile; de Colombia a Panamá; de éste a Centroamérica, El Salvador, Guatemala, Costa Rica; y de ahí a México y Estados Unidos de América, especialmente en la Florida, donde siguen llegando imágenes. Se están dando milagros en distintas partes y no sólo entre el mundo hispano de los Estados Unidos, traspasando las fronteras de la América.

Sea lo que sea, gracias por permitirme escribir estos recuentos que, al término de los mismos, y al caer de esta noche tibia, se ilumina la penumbra de mi oficina con el suave brillo de esa escarcha en mi computador y a mi alrededor.

Bienvenida Peregrina Madre del Amor

Agradecimientos

Mi agradecimiento a todas las personas que, de una manera u otra, contribuyeron en la elaboración de este libro con sus testimonios y relatos llenos de fe, esperanza y amor, DULCINEA, MARY, MIRIAM, BETY, MIRYA, ARY, ELVINA, EMI, MERLINS, BRANDY, ESMERALDA, GOYO, VILMA, SORA, NICO, DIEGO, SCARLETT, JUAN-JOSÉ, ADA, LAS HERMANAS DEL COLEGIO BELÉN, LAS HERMANAS DE EMAUS, y LAS HERMANAS DE CARRIZALES.
Y muy en especial a MARÍA ROSA MÍSTICA.

Nota especial

Hay personas e Instituciones Benéficas, de Asistencia Social, Hospitales y demás Centros de ayuda públicos y privados que tienen una lucha tenaz para obtener los recursos necesarios para subsistir y seguir con su gran labor en ayudar al prójimo y, en especial, a los más necesitados como son los ancianos que viven en soledad y miseria; personas que no tienen qué comer, desempleados, lisiados, indigentes, adolescentes y adultos en las droga y alcoholismo, infancia abandonada, niñas y mujeres embarazadas, maltratados, enfermos varios, enfermos de cáncer con tratamientos extremadamente costosos; personas que esperan trasplantes, insuficiencia renal, y miles más; así como también Instituciones para el cuidado de animalitos enfermos y hambrientos que también son hijos de Dios. En fin, tantos hermanos con problemas. No nos olvidemos que cualquiera de nosotros podría estar en ese lugar. Brindar amor y hacer caridad; necesitamos de ellos, que también esperan por nosotros; no los dejemos solos.

Fuentes Consultadas

Sagrada Biblia. Mons. Dr. Juan Straubinger. The Catholic Press, Chicago USA. 1972.
María Rosa Mystica. Montichiari-Fontanelle. P.Thadd. Laux, A.M Weigl y St. Grigion-Verlag, Altotting. Edición española. Essen. 1975.
Devoción a María Rosa Mística. Comunidad Carismática «Los Samaritanos». 1998.
Virgen de Santa Alegría. Carlos M. González Vallé, s.j.
La Sangre de Cristo. Pedro García. m.c. 1998. San Pablo Caracas, Venezuela. 1998.
Hay muy poca fe aquí. Estoy muy triste. Our Loving Mother's Children Conyers. Georgia, USA. 1997. www.conyers.org

Virgen María Madre de las Almas Consagradas. «Hermanas Siervas de Jesús». Quinta <La Milagrosa> Carrizal, Venezuela.

Apariciones de la Virgen María en Betania. PBRO Otty Ossa Aristizabal. Ediciones Paulinas. 1989.

La Virgen se aparece en Yugoslavia. Mary de Di Michelene. Ediciones Paulinas. 1987.

Las Apariciones de Medjugorje. Svetozar Kraljevic. México. 1984.

La Virgen María habla en Medjugorje. Tiberio Munari. México. 1984.

La Reina de la Paz Habla al Mundo. Padre René Laurentin. Voluntarias de María San José, Costa Rica. 1984.

El Gobierno que nos traerá el Paraíso.

El Hombre en busca de Dios. Watch Tower Bible and Tract Society of Pennsylvania International Bible Students Association. USA. 1985.

Grandes Profecías. Editora Cinco Recreativa S.A. 1992.

Las Tinieblas Aparecerán Sobre la Faz de la Tierra. Diario ÚLTIMAS NOTICIAS. Caracas. 1994.

La Llama de Amor del Corazón Inmaculado de María. Nihil Obstat de Székesfehérvár. Hungría.

María Rosa Mística. El Despertar de una Devoción. Lisseth Boon. Revista «Estampas». Diario EL UNIVERSAL.

María Rosa Mística Une a la Familia con la Oración. María Teresa País. Revista Familia Cristiana. Ediciones San Pablo. 1999.

Jesús Mesías o Dios. Hugh J. Schanfield; *A la Sombra de los Templarios.* Rafael Alarcón H.

Nostradamus Historiador y Profeta. Fontbrune. Ediciones Martínez Roca, S.A. España. 1985.

La Novena Revelación. James Redfield. Editorial Atlántida. Buenos Aires. 1996.

Las Centurias. Michel Nostradamus. Lyon. París.

Futuro del Mundo Cabalga en Mesopotamia. Raquel Seijas. Diario EL UNIVERSAL. 1998.

1984. George Orwell.

Dios y la Nueva Física. Paul Davies.

El Momento de la Creación. James S. Trefil.

Historia de la Cultura. F. Esteve Barba. Ediciones Salvat.

Tras la Huella Sagrada. Bruno Cardeñosa.

Un Milagro in Vitro. Avelardo Hernández. Año Cero. Madrid. España. 1999.

Escrito de la Virgen. Diario LA RELIGIÓN. Caracas. Venezuela.

—PROGRAMA MAITE. Estacion de televisión Venevisión. Caracas. Venezuela.

—PROGRAMA FLASH. Gilberto Correa. Estacion de televisión Televen. Caracas. Venezuela.1999.

—www.iglesia.org.ve/viergenv.htm

—http:/catholicchurch.org/iglesia/maría

—http://www.betania.com

—www.aciprensa.com

—www.arakis.es/

—http://members.aol.com

Contenido

Otras publicaciones:

ADRIANZA, LUISA — *Los Secretos de Enoch*

AFONSO, ADALBERTO — *En los Predios Interiores*

CEDEÑO, RUBÉN — *Los Siete Rayos*
Meditando con los Siete Rayos
Su Majestad Saint Germain
Tarot, Kábala, Astrología y Chakras

GARCÍA, JUAN CARLOS — *Pequeña Tierra*

LÓPEZ VILLEGAS, ANTONIO — *Usted es Más Grande de lo que Cree*

LOERO, L., VALERO, M. — *Los Cristales y el Signo del Mes* (12 libros)
No Te Niegues a Ti Mismo
El Espíritu de Navidad

MALET, DIEGO — *Religión y Ciencia en Armonía*

POWERS, FAITH G. — *El Cielo y Tú*
¿Abundancia o Escasez?... Esa es la Pregunta

ROZO, LUZ STELLA — *La Felicidad*
Los Ángeles a Través de la Biblia
Miguel Príncipe de los Imposibles
Los Ángeles de la Prosperidad, la Abundancia y el Suministro
Nueva Forma de Comunicación con los Ángeles
El Oráculo de los Ángeles
Los Ángeles de la Navidad
Decretos de Prosperidad
Decretos de Salud
Un Decreto Para Cada Día

SÁNCHEZ Q., NÉSTOR J. — *Venezuela La Nueva Jerusalem*

VALLEISE, MARÍA — *Contaminación*

VARIOS — *Decretos (del Fuego Violeta)*
El Propósito de la Actividad «Yo Soy» de los Maestros Ascendidos
Decretos de la Victoria (Victory)

Cassettes que complementan estas publicaciones:

CEDEÑO, RUBÉN — *Curación*
Decretos del Fuego Violeta
Decretos del "Yo Soy" Para la Opulencia
Esto Es Para Ti
Los Siete Rayos
La Metafísica
Mantrams
Prosperidad
Protección
Shamballa

García, Juan Carlos	*Hadas*
	Celestial
	Misterios Develados, Vol. I y II
	El Misterio Humano
	Meditaciones Diarias, Vol. I y II
	Meditaciones en la Luz
	No Pierdas La Magia
	Suite Ramakrishna
López V., Antonio	*La Verdadera Relajación Profunda*
	Usted es Mas Grande de lo Que Cree
Rozo, Luz Stella	*Meditaciones y Decretos de Prosperidad, Abundancia y Suministro*
	Nueva Forma de Comunicación con los Ángeles (6 cassettes)
Rozo, Nelly	*Meditando con los Ángeles*
	OHM, Palabra Sagrada
Zaidman, Dr. Isidoro	*Método Para Vivir Mejor Sin Estrés*